MERIAN *live!*

Mittelmeer-
kreuzfahrt
Westlicher Teil

Holger Wolandt und **Charlotta Rüegger** leben als Reisejournalisten und Übersetzer in Stockholm. Mit Beiträgen von Klaus Bötig, Gisela Buddée, Carola Käther, Harald Klöcker, Ingeborg Lehmann, Susanne Lipps-Breda, Birgit Müller, Ralf Nestmeyer, Monika Pelz, Nikolaus Schmid, Michael Studemund-Halévy und Manfred Thiele.

 Familientipps

 »grüne« Empfehlungen

 Ausflüge

Preise für ein dreigängiges Menü ohne Getränke:

€€€€ ab 40 €   €€ ab 17 €
€€€ ab 30 €   € bis 17 €

Inhalt

◂ Auf großer Fahrt: Kreuzfahrtschiff vor
dem Felsen von Gibraltar (▸ S. 115).

Unterwegs im westlichen Mittelmeer 30

Wissenswertes über das westliche Mittelmeer 118

✳ Karten und Pläne

Palmen, Zitronen- und Orangenhaine, Olivenbäume, Korkeichenwälder, felsige Küsten, kilometerlange Sand- und Kiesstrände an einem glasklaren smaragdgrünen oder azurblauen Meer: Seit Jahrhunderten üben Mittelmeer und südliche Lebensfreude auf die Bewohner Mittel- und Nordeuropas eine unvergleichliche Anziehung aus.

Das Mediterran

Das Mittelmeer ist nicht nur wie im Deutschen das mittlere Meer, sondern in vielen anderen Sprachen das Mediterran, der Mittelpunkt der Erde. Kein Wunder, nirgends auf der Welt gibt es auf engstem Raum

so viel zu entdecken: Völker und Eroberer lösten einander ab und hinterließen an den Küsten ihre Spuren. Auf engstem Raum finden sich griechische, etruskische, römische, aber auch normannische Denkmäler, Tempel, Amphitheater und Thermen sowie Kreuzfahrerburgen und Zeugnisse islamischer Kultur.

Das Mittelmeer ist mit dem Atlantik durch die nur 14 Kilometer breite, 320 Meter tiefe Straße von Gibraltar verbunden. Seine Ausdehnung beträgt rund 2,5 Millionen Quadratkilometer (zum Vergleich: die Ostsee bringt es auf nur 400 000 Quadratkilometer), die größte Tiefe misst schwindelnde 5267 Meter (in der

◂ Schöne Ausblicke auf die Küste bieten sich vom Deck der Kreuzfahrtschiffe.

Ionischen See im östlichen Mittelmeer), die Durchschnittstiefe rund 1500 Meter. Ein unterseeischer Rücken in der Meerenge von Sizilien zwischen Sizilien und der Küste von Tunesien trennt das östliche vom westlichen Mittelmeer. Im Bereich dieses Rückens ist das Mittelmeer nur etwa 350 Meter tief. Die Ausdehnung von Norden nach Süden variiert beträchtlich, von West nach Ost, von Gibraltar nach Syrien, sind es jedoch genau 3860 Kilometer.

Das Mittelmeer ist ein Reiseziel für alle, die Seegang und Seekrankheit scheuen: Von Pfingsten bis in den Spätsommer ist es fast immer spiegelglatt. Die teilweise schwere Dünung der Ozeane gibt es nicht. Am Mittelmeer herrschen stets recht angenehme Temperaturen, da die Wassertemperatur noch im Winter beträchtlich ist. Sie beträgt bei Neapel schon im April 15 Grad und steigt im August auf 25 Grad an.

Sehenswertes unter südlicher Sonne

Kürzere Kreuzfahrten durch das westliche Mittelmeer begnügen sich mit Italien, Frankreich und Spanien. Festlandküsten und Inseln haben einen sehr unterschiedlichen Charakter. Längere Fahrten umfassen auch Malta und Nordafrika, in der Regel wird dort Tunis angelaufen.

Zwei der wichtigsten europäischen Kreuzfahrtreedereien sind übrigens in Italien beheimatet. Ihre Schiffe starten ihre Kreuzfahrten in der Regel von italienischen Häfen aus, von Savona und Genua in Ligurien oder auch von Civitavecchia bei Rom.

Livorno wird angelaufen, um Tagesausflüge in die Renaissancestädte Pisa und Florenz zu unternehmen, von Neapel, Catánia und Messina aus lassen sich die Vulkane und die Zitronenhaine Süditaliens erkunden. Auch die großen Mittelmeerinseln stehen auf dem Programm: Malta, ein eigener Staat mit einer dem Italienischen verwandten Sprache, in dem die Kreuzritter ihre Spuren hinterlassen haben, und das zu Frankreich gehörige, ständig nach Autonomie strebende Korsika mit einer wildromantischen Natur und zerklüfteten Felsen.

Faszination Seereise

In den Häfen der französischen Riviera lassen sich die Schönen und Reichen auf ihren Jachten bewundern. Wem das Leben auf See und an Bord zu ruhig ist, kann in Marseille einen Tag lang in das geschäftige Leben einer Großstadt eintauchen.

Weiter im Westen liegt die spanische Baleareninsel Mallorca. In Palma erinnern die Arabischen Bäder und der Almudaina-Palast an die Zeit, in der die Insel von den Arabern beherrscht wurde. Für die Häfen der spanischen Mittelmeerküste Barcelona und Valencia reicht eine Liegezeit von einem Tag fast nicht aus, so viel gibt es zu sehen, beispielsweise die grandiosen Bauwerke Gaudís und Santiago Calatravas.

Da immer nur einige der Häfen auf dem Programm stehen, lässt sich eine Kreuzfahrt im westlichen Mittelmeer auch wiederholte Male unternehmen, denn immer wieder wechseln die Häfen, immer wieder ist Neues zu entdecken – und der rote Sonnenuntergang im Westen ist ohnehin jeden Abend anders.

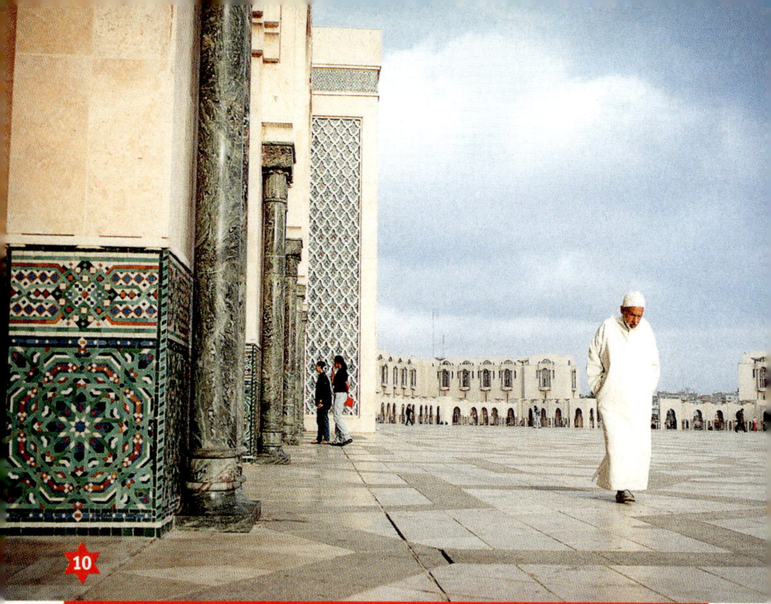

MERIAN-TopTen

MERIAN zeigt Ihnen die Höhepunkte der Region: Das sollten Sie sich bei Ihrer Kreuzfahrt auf dem westlichen Mittelmeer nicht entgehen lassen.

1 Ciutat de les Arts i les Ciències (CAC), Valencia
Die futuristische Kunst- und Wissenschaftsstadt setzt neue architektonische Akzente (▸ S. 37).

2 Sagrada Família, Barcelona
Die Sühnekirche des genialen Architekten Antoni Gaudí gilt als markantestes Sinnbild der Stadt (▸ S. 42).

3 Kathedrale, Palma
Die »Kathedrale des Lichts« in Mallorcas Hauptstadt ist eines der großartigsten Bauwerke Spaniens (▸ S. 46).

4 Torre pendente, Pisa
Der Schiefe Turm ist nach langjährigen Stabilisierungsmaßnahmen wieder begehbar (▸ S. 75).

5 Galleria degli Uffizi, Florenz
Die weltberühmte Pinakothek zeigt Meisterwerke der italienischen Malerei (▸ S. 78).

6 Colosseo, Rom
Schon Goethe stand staunend vor dem beeindruckenden Bauwerk, das einst 50 000 Zuschauer in seinem Oval aufnahm (▸ S. 81).

 San Pietro, Rom
Glaube und Kunst sind nirgendwo so eng verwoben wie im Petersdom (▸ S. 84).

 Vesuv, Neapel
Der einzige noch tätige Vulkan auf dem europäischen Festland: Das Panorama vom Kraterrand ist grandios (▸ S. 92).

 Musée du Bardo, Tunis
Die schönsten Mosaiken Afrikas aus römischer Zeit sind im alten Palais des Bey von Tunis zu bewundern (▸ S. 105).

 Grande Mosquée Hassan II, Casablanca
Wahrzeichen Casablancas und Symbol des toleranten Islam: Die Mega-Moschee steht auch Nichtmuslimen offen (▸ S. 111).

MERIAN-Tipps
Mit MERIAN mehr erleben. Nehmen Sie teil am Leben der Region und entdecken Sie die unbekannten Seiten des westlichen Mittelmeers.

 Colmado Quilez, Barcelona
Kolonialwarenladen von anno dazumal mit katalanischen, spanischen und internationalen Delikatessen (▸ S. 45).

 »Roter Blitz«, Palma
Eine nostalgische Eisenbahnfahrt über »La Luminosa«, wie die Mallorquiner ihre Insel nennen (▸ S. 49).

 Bootsausflug: Îles Sanguinaires, Korsika
Ein faszinierendes Naturschauspiel: der Sonnenuntergang auf den »Blutinseln« (▸ S. 60).

 Café de Paris, Monaco
Exklusiver Sitzplatz mit Blick auf Casino, teure Karosserien und vielleicht auch prominente Nachbarn (▸ S. 66).

 Bacco, Savona
Die zünftige Osteria mit maritimem Ambiente und urigem Wirt ist Treffpunkt der Einheimischen (▸ S. 70).

 Schokolade im Rivoire, Eis im Vivoli, Florenz
Heiße Schokolade im Caffè Rivoire auf der großen Bühne der Piazza Signoria. Vorzügliches Eis bei Vivoli (▸ S. 77).

3

 7   Terrazza Caffarelli, Rom
Bei einem Cappuccino oder Espresso den Blick über die Dächer Roms schweifen lassen (▶ S. 84).

 8   Napoli Sotterranea, Neapel
Ausflug in die Unterwelt: eine Führung durch das ehemalige Zisternensystem von Neapel (▶ S. 89).

 9   Fontanella Tea Gardens, Mdina
Der Besuch dieses Cafés auf der Stadtmauer mit wunderbarem Blick über die Insel ist ein absolutes Muss (▶ S. 102).

 10   Marché Central, Tunis
Täglich frisches Gemüse und Obst, leckere Meeresfrüchte und auch sonntags geöffnet – was braucht man mehr (▶ S. 106)?

2

5

Die mediterrane Küche (▸ S. 21) setzt auf Fisch und Meeresfrüchte, die fangfrisch und in einer unendlichen Vielfalt an Zubereitungsvarianten auf den Tisch kommen.

Zu Gast im
westlichen Mittelmeer

Die Länder rund um das Mittelmeer geben dem
Kreuzfahrer reichlich Gelegenheit zum Schlemmen,
Einkaufen und Feiern auf mediterrane Art.

Praktische Infos

zur Kreuzfahrt. Einige Informationen, die das Leben an Bord erleichtern und die Reise angenehm gestalten, von Kabinenwahl über Seenotrettungsübung bis Sport- und Wellnessangebote.

◄ Erholung an Deck – wenn eine weitere Perle im Mittelmeer auftaucht, heißt es: bereit machen zum Landgang (▶ S. 17).

Neben der Karibik stellt das Mittelmeer die wichtigste Kreuzfahrtdestination dar. Es ist das beliebteste Kreuzfahrtziel der Deutschen: Im Jahre 2007 unternahmen laut einer Studie des Deutschen Reiseverbands 300 000 Deutsche eine Mittelmeerkreuzfahrt (die norwegischen Fjorde liegen mit 129 000 Reisen gleich auf Platz 2). Fast alle Reedereien bieten Kreuzfahrten auf dem Mittelmeer an. Das riesige Angebot macht eine solche Reise für fast alle erschwinglich: Mittelmeerkreuzfahrten in einer Innenkabine werden schon für einen Preis unter 1000 € angeboten. Da die Zahl reiner Seetage meist gering ausfällt, lässt es sich auch mit einer Innenkabine durchaus leben: Die Tage verbringen die Kreuzfahrer ohnehin an Land oder auf dem Sonnendeck.

Die Reedereien

Zwei große **italienische Reedereien** unterhalten ihre Heimathäfen am westlichen Mittelmeer: Costa Kreuzfahrten wurde als Costa Crociere bereits 1860 in Genua gegründet. 2004 wurde der Heimathafen nach Savona verlegt und dort ein riesiges Kreuzfahrtterminal gebaut. MSC-Kreuzfahrten (Mediterranean Shipping Company) ist in Neapel beheimatet. Beide Reedereien sind auf dem Mittelmeer mit riesigen Schiffen für mehrere tausend Gäste, die überwiegend aus den Ländern nördlich des Mittelmeers kommen, unterwegs. Kapitäne und Oberkellner sind italienischer Herkunft. Die bislang größten Schiffe der MSC sind

die Splendida und die Fantasia mit 1637 Kabinen für 3959 Passagiere.

Neben den italienischen Reedereien sind alle großen Veranstalter von Kreuzfahrten auf dem westlichen Mittelmeer unterwegs, auch Royal Caribbean, das größte Kreuzfahrtunternehmen der Welt, und Carnival Cruises, die Nummer zwei. Einige Reedereien haben Angebote für Familien mit Kindern: Bei MSC fahren zwei Kinder bis 17 Jahre gratis mit ihren Eltern mit. Bei NCL liegt diese Altersgrenze bei 15 Jahren. Für Eltern mit kleineren Kindern gibt es eine Kinderbetreuung, für den schon älteren Nachwuchs eine Teenie-Disco. Auch bei anderen Reedereien sind die Kosten für Kinder, die in der Kabine der Eltern reisen, relativ gering.

Deutsche Anbieter kreuzen ebenfalls auf dem Mittelmeer: TUI Cruises startet seine Rundreise auf dem westlichen Mittelmeer in Mallorca. AIDA Cruises bieten ebenfalls Kreuzfahrten ab Mallorca an. Auf den sogenannten Clubschiffen ist legere Kleidung angesagt. Auch die »Deutschland« der Reederei Deilmann, mit 292 Kabinen ein relativ kleines Schiff, ist auf dem westlichen Mittelmeer unterwegs, beispielsweise geht es in fünf Tagen von Venedig an den Vulkanen Unteritaliens und Siziliens vorbei und über den Golf von Salerno nach Civitavecchia. Hansa Kreuzfahrten schicken ihren »klassischen Liner«, »MS Princess Daphne«, noch zwei Häfen weiter: In neun Tagen geht es von Nizza über Elba um den Stiefel herum nach Venedig, und einiges preiswerter als mit der »Deutschland« und mit Tischwein zu den Hauptmahlzeiten. Die »MS Delphin«, mit

233 Kabinen ein kleines Schiff, läuft auch Malta und Tunesien an. Das luxuriöseste Kreuzfahrtschiff, die »MS Europa« der Reederei Hapag Lloyd, befindet sich im Herbst in der Regel ebenfalls im westlichen Mittelmeer. In zehn Tagen geht es von Lissabon, im Atlantik gelegen, bis Civitavecchia. Das Flaggschiff der Flotte setzt seine Reise nach Venedig fort, dann wird kehrtgemacht, und es geht nach Barcelona zurück.

Das **Luxussegment** wird neben Hapag Lloyd u. a. von der Seabourn Cruise Line bedient. Für ungefähr 10 000 € geht es auf der »Seabourn« drei Wochen lang durch das westliche Mittelmeer. Wie es auf einem solchen Schiff zugeht, hat der amerikanische Reiseschriftsteller Paul Theroux eindrucksvoll beschrieben (▸ S. 131). Die kleinen Luxusschiffe laufen auch kleinere Häfen wie Portoferraio auf Elba an.

Viele Veranstalter bieten außerdem spezielle **Themenkreuzfahrten** an, etwa besondere Angebote für Golfspieler und Musikliebhaber. MSC organisiert Kreuzfahrten für Tänzer, Schach- und Bridgespieler, außerdem für Hobbymaler.

Die Kabinenwahl

Die **Kabine** will mit Bedacht gewählt sein. Die Entscheidung für eine Innenkabine ist nur dann ratsam, wenn man den meisten Teil der Reise an Deck oder auf Landgängen verbringt. Auf großen, eher unpersönlichen Schiffen ist eine bessere (und leider auch teurere) Kabine, in die man sich zurückziehen kann, empfehlenswert. In den Kabinen achtern (im Heck des Schiffes) ist die Schiffsmaschine meist stärker zu hören. Hier sind auch die Vibrationen stärker. Bei älteren Schiffen sind die Wände meist sehr dünn. Ein

Sicherheit wird großgeschrieben: Am ersten Tag auf See findet eine Seenotrettungsübung (▸ S. 16) statt, an der alle Reisenden teilnehmen müssen.

schreiender Säugling in der Nachbarkabine ist aber auch in modernen Schiffen zu hören. Seekrankheit ist bei einer Fahrt auf dem Mittelmeer im Sommer kein Thema, da die See spiegelglatt ist. Wer jedoch auf Nummer sicher gehen will, sollte eine Kabine mittschiffs und achtern und auf den unteren Decks wählen. Zum Bug hin und auf den oberen Decks schaukelt es meist stärker. Die Kopfkabinen des Schiffes sind in der Regel der Besatzung vorbehalten. Die teuersten Kabinen sind Suiten mit Balkon, die teilweise über 50 qm groß sind. Nach einem anstrengenden Landausflug lädt hier der eigene Whirlpool zum Relaxen ein. Gleichzeitig kann man die Speisekarte für das Galadiner am Abend studieren. Diese wird den Gästen, die eine Suite bewohnen, eigens in die Kabine gebracht.

Neueste Entwicklung ist die Einrichtung eines **Premium-Bereichs** auf den Schiffen: MSC bietet auf den Großschiffen »Fantasia« und »Splendida« einen VIP-Bereich an, der sich MSC Yacht Club nennt. Hier bleibt, wer es sich leisten kann, unter sich: Für die 99 Suiten gibt es auf dem Vordeck einen eigenen Pool sowie eine eigene Lounge. Auch beim Ein- und Ausschiffen gibt es eine Vorzugsbehandlung. Bei NCL nennt sich die entsprechende Kabinenklasse »Garden and Courtyard Villas«.

Sonnenhut nicht vergessen

Ins **Reisegepäck** einer Mittelmeerkreuzfahrt gehört unbedingt luftige Kleidung, die für Landausflüge nicht zu freizügig sein darf – in Kirchen ist das Tragen von Shorts und schulterfreien Tops häufig verboten. Mit einpacken sollte man einen Sonnenhut und Sonnencreme mit einem sehr hohen Lichtschutzfaktor. Abends auf Deck benötigt man nach Sonnenuntergang auch schon mal einen warmen Pullover. Badekleidung sollten Sie ebenfalls nicht vergessen. Wer sich nicht im meist sehr knapp bemessenen Schiffspool drängen will, findet sicher Gelegenheit, beim Landgang einen ortsnahen Strand aufzusuchen. Ausreichend Lektüre ist ebenfalls wichtig, da reine Seetage schon einmal lang werden können und das deutschsprachige Angebot in den Bordbibliotheken der preiswerteren Anbieter recht dürftig ist. In den Hafenorten sind aber meist auch deutschsprachige Zeitungen zu bekommen. Die Bordzeitung enthält nur die wichtigsten Nachrichten.

Das Einschiffen

Mit den Reiseunterlagen werden Kofferanhänger verschickt, auf denen die **Kabinennummer** steht (sofern Sie nicht eine unspezifizierte Kabinenklasse gebucht haben). Beim Einschiffen gibt man seine Koffer schon vor dem Einchecken ab. Sie werden vom Bordpersonal vor die Kabine gestellt. Achten Sie deshalb darauf, alles Wichtige – Medikamente, Papiere und eine Zahnbürste – im Handgepäck aufzubewahren. Das Gepäck pro Passagier darf 100 kg nicht übersteigen. Hier werden den Reisenden eher von den Freimengen der Fluggesellschaften Grenzen gesetzt.

Gerade bei größeren Kreuzfahrtschiffen kann das Einschiffen eine zeitraubende Prozedur darstellen, es ist daher ratsam, sich rechtzeitig am Kai einzufinden. Meist beginnt das

Einschiffen drei Stunden vor dem Ablegen des Schiffes und dauert zwei Stunden. Wer früh an Bord ist, hat genügend Zeit, sich schon vor Auslaufen des Schiffes in seiner Kabine einzurichten und heimisch zu machen und schon einmal eine Runde auf Deck zu drehen.

Auf den Schiffen teurerer Anbieter werden die Gäste von einem Steward zu ihrer Kabine geleitet, auf den Großschiffen müssen Sie sich selbst zurechtfinden. Auch nach einer Woche werden Sie sich hier immer noch statt steuerbord plötzlich backbord befinden oder achtern statt im Bugbereich. Steward oder Zimmermädchen händigen die **Schlüsselkarten** aus, falls man sie nicht schon beim Einchecken bekommen hat. Diese Schlüsselkarten haben eine vielseitige Funktion. Sie dienen als Bordkreditkarten und müssen an eine Kreditkarte (Visa, Mastercard oder American Express) gekoppelt sein. Wer keine Kreditkarte besitzt, muss pro Tag eine größere Geldsumme hinterlegen (bei NCL sind es 75 Dollar pro Tag und Kabine).

Seenot-Rettungsübung

Nach Ablegen des Schiffes finden meist in mehreren Sprachen und oft von einer Powerpointpräsentation unterstützt Informationsveranstaltungen statt. Diese sollten Sie sich nicht entgehen lassen: Hier erfahren Sie alles Wissenswerte über die Angebote auf dem Schiff und über die Landausflüge. Darüber informiert auch das **Tagesprogramm**, das jeden Abend an alle Kabinen verteilt wird. Bei Fragen können Sie sich jederzeit an den Empfang wenden, der rund um die Uhr besetzt ist. Die Sprechstunden der

Bordhostessen sind im Tagesprogramm verzeichnet.

Am ersten Tag nach dem Ablegen findet die Seenot-Rettungsübung statt, die für alle Reisenden Pflicht ist. Mit der Schwimmweste angetan, die in allen Kabinen liegt, haben sich alle auf dem Promenadendeck unter den **Rettungsbooten** einzufinden. Auf den großen Schiffen führt das meist zu einem ziemlichen Gedränge.

Tischgepflogenheiten

Der Kabinensteward verrät Ihnen Ihre Tischnummer. Auf den meisten Schiffen gibt es zwei **Tischzeiten**, für die Sie sich bereits bei der Buchung entscheiden müssen. Meist beginnt die erste Tischzeit um 18 Uhr, die zweite um 20.30 Uhr oder erst um 21 Uhr, was den normalen Gepflogenheiten am Mittelmeer entspricht. Einige Schiffe, beispielsweise die von Hapag Lloyd, haben nur eine Tischzeit. Sollten Sie mit Ihrer Tischgesellschaft nicht zufrieden sein, ist Ihnen der Oberkellner sicher behilflich, einen anderen Platz zu finden.

Welche **Kleidung** jeweils im Restaurant erwünscht ist, können Sie im Tagesprogramm nachlesen. Abends dürfen Sie in der Regel nicht in Shorts oder T-Shirt im Restaurant erscheinen. Gerade auf amerikanischen Schiffen ist dies sowieso nicht ratsam. Durch die Klimaanlage ist es dort in den Restaurants recht kühl. Es wird jedoch allgemein Wert darauf gelegt, dass sich die Kreuzfahrtgäste zum Essen umziehen. Bei einem Galadiner sollten die Herren im Anzug oder zumindest im Jackett erscheinen. Bei den Damen ist »festliche« Garderobe angesagt.

Falls Sie eine Mahlzeit versäumen, ist das kein Problem: Auf den größeren Schiffen werden immer irgendwo Hamburger und Pizzastücke in einem **Büfettrestaurant** serviert, das fast rund um die Uhr geöffnet ist. Die Mahlzeiten fallen ohnehin so üppig aus, dass man auch getrost einmal eine auslassen kann.

Nach dem Einschiffen steht meist die erste Mahlzeit im Restaurant an. Bis auf die Getränke ist alles inklusive. Bei einigen Anbietern sind allerdings auch Bier oder ein einfacher Tafelwein im Preis eingeschlossen. Auf den meisten Schiffen wird auch auf Sonderwünsche Rücksicht genommen, so gibt es beispielsweise vegetarische oder glutenfreie Gerichte.

Entertainment

Nach dem Essen empfiehlt es sich, die lauen Nächte des Mittelmeers auf dem Promenadendeck zu genießen und einen Drink an der Poolbar zu nehmen. Sie können allerdings auch in der Bar dem Bordpianisten lauschen. Auf den großen Kreuzfahrtschiffen ist die Nacht jetzt noch jung: Sie können sie mit einer Show im **Bordtheater** beginnen und dann in der **Disco** bis in die frühen Morgenstunden Ihren Bewegungsdrang ausleben oder im Kasino Ihr Geld verspielen. Kasinos gibt es auf deutschen Schiffen allerdings nicht. Hier wurden sie wegen zu geringer Nachfrage wieder abgeschafft. Wer sich dann noch einmal stärken muss, für den gibt es ein **Mitternachtsbüfett** oder im Premiumbereich einen »Late Night Snack«.

Auf kleineren Schiffen wird den Passagieren häufig ein **kulturelles Rahmenprogramm** geboten. Lektoren führen in Vorträgen in die Kultur und Geschichte der Region und der Reiseziele ein. Auf einigen Schiffen finden zudem Filmvorführungen unter freiem Himmel statt.

Sport- und Wellnessangebote

Größere Schiffe verfügen über Tennisplätze, eine Joggingbahn und ein Fitnessstudio mit einem reichhaltigen Wellnessangebot. Die modernsten Schiffe haben neben riesigen Wasserrutschen auf dem Oberdeck neuerdings auch Kletterwände und Golfplätze mit bis zu neun Löchern. Wer möchte, kann auch Personal Coaching in Anspruch nehmen, das manche Schiffe anbieten. Dabei nimmt sich ein persönlicher Trainer Ihrer an und stellt ein spezielles Fitnessprogramm für Sie zusammen.

Größere Schiffe stellen mit ihren Swimmingpools und Pizzabüfetts das reinste Kinderparadies dar. Für eine nahezu lückenlose **Betreuung der Kinder** durch die Entertainment-Mitarbeiter ist gesorgt, damit sich auch die Eltern unter den Passagieren hinreichend entspannen können. Bei Costa werden die Sprösslinge in Mini (3 bis 6 Jahre), Maxi (7 bis 11 Jahre), in Teen Junior (12 bis 14 Jahre) und Teen (15 bis 17 Jahre) eingeteilt. Neben Disco, Karaoke und Pizzapartys geht es auf die Piratenschatzsuche. Auf einigen Schiffen können Eltern ihre Kinder auch betreuen lassen, während sie einen Landgang unternehmen.

Landgang und Ausflüge an Land

In manchen Häfen am Mittelmeer, etwa in Cannes, liegen die größeren Schiffe auf der Reede. Dann werden die Passagiere in Rettungsbooten (die dann als Tenderboote bezeichnet werden) an Land gebracht. Hier nimmt der Landgang mehr Zeit in Anspruch, aber in den kleinen Tenderbooten sind Sie dem Meer näher als auf dem Promenadendeck des Kreuzfahrtschiffs.

Beim **Anlegen** im Hafen warten die Busse für die organisierten Ausflüge bereits am Kai. Für jeden Geschmack wird etwas angeboten: Sightseeing-Fahrten zu antiken Stätten, Museen oder anderen Sehenswürdigkeiten oder einfach nur in den Ort mit einem Rundgang durch die Altstadt. Im Angebot sind auch Verkostungstouren (Wein, Tapas, Olivenöl), Fahrten an einen besonders schönen Strand oder Aktiv-Touren mit Radfahren, Tauchen oder Strandritten. Häufig, wie beispielsweise in Genua und Barcelona, ist das Tagesziel aber auch vom Hafen aus in wenigen Minuten zu Fuß zu erreichen, und Sie können es mühelos auf eigene Faust erkunden. Bedenken Sie bei Ihren Landausflügen, dass Sie spätestens eine Stunde vor Ablegen des Schiffes wieder an Bord sein müssen. Auf die Ablegezeit Ihres Schiffes werden Sie an Bord mehrmals hingewiesen. Das ist vor allem wichtig, wenn Sie sich keinem organisierten Ausflug anschließen, sondern auf eigene Faust unterwegs sind. Ist das Schiff einmal weg, können Sie ihm nicht ohne Weiteres hinterherfahren, um es wieder einzuholen.

Am letzten Abend der Reise werden meist auch die Kataloge für die nächste Kreuzfahrtsaison auf den Kabinen verteilt. Dann können Sie sich überlegen, wo es das nächste Mal hingeht, ins östliche Mittelmeer oder gar ins Schwarze Meer.

Nach dem Landgang (▶ S. 17) – hier am Hafen in Barcelona – müssen Sie sich bei der Crew als Passagier ausweisen, um wieder an Bord zu gelangen.

Das Ausschiffen

Sämtliche Koffer werden bereits in der Nacht vor dem Ausschiffen eingesammelt. Achten Sie darauf, dass keine Wertsachen und Medikamente in die Koffer geraten und dass Sie, wenn Sie die Koffer vor die Kabine gestellt haben, noch etwas zum Anziehen haben. Schon manch ein Passagier soll das Schiff im Schlafanzug verlassen haben.

Am Morgen der Ankunft müssen Sie noch eventuelle Schulden der Bordkreditkarte begleichen (man lässt Sie sonst nicht von Bord), sofern diese nicht an eine Kreditkarte gekoppelt ist, oder sich den Rest Ihrer Bareinlage zurückholen.

Bei großen Schiffen mit mehreren Tausend Gästen ist das Ausschiffen eine zeitraubende Angelegenheit, aus dem einfachen Grund, dass das Entladen der Koffer nicht im Handumdrehen zu bewerkstelligen ist. Sie können von der Reling aus mitverfolgen, wann die Container mit den Koffern ausgeladen werden. Erst dann können Sie von Bord gehen. Vorher empfiehlt es sich, eine ruhige Ecke aufzusuchen und es sich mit einem guten Buch bequem zu machen. Jetzt ist auch die letzte Gelegenheit, Telefonnummern mit Reisebekanntschaften auszutauschen. Fast alles ist geschlossen, da die Bordkreditkarten seit der Nacht vorher nicht mehr funktionieren und nur noch bar bezahlt werden kann. Außerdem wird überall alles für die nächsten Passagiere vorbereitet, die am Abend an Bord gehen, um in See zu stechen. Und vergessen Sie nicht, noch einmal beim Bordfotografen vorbeizuschauen. Dieser hat sicherlich – wie während der gesamten Reise – schöne Fotos gemacht.

Kreuzfahrten sind aus ökologischer Sicht nicht unumstritten: Auf den riesigen Schiffen wird nicht nur überproportional viel Energie für den reinen Passagiertransport verwendet, sondern auch für andere Dinge wie Wasseraufbereitung oder Heizung. Zudem entstehen täglich mehrere Tonnen Müll sowie Abwässer und Emissionen. Doch die Kreuzfahrtreedereien sind sich ihrer Verantwortung für das Ökosystem Meer inzwischen durchaus bewusst. Die Entwicklung neuartiger Antriebssysteme, technische Innovationen, z. B. bei der Abwasseraufbereitung, oder das Einsparen und Recyceln von Müll sind bei allen großen Anbietern selbstverständlich. Die AIDA-Schiffe beispielsweise sind nach der internationalen Umweltnorm ISO 14001 zertifiziert, und der Anbieter Costa Cruciere arbeitet mit dem WWF Italien zusammen, um maritime Ökoregionen im Mittelmeer zu erhalten. Während einer Kreuzfahrt durchs Mittelmeer bieten sich Ihnen viele Möglichkeiten, sich an Land umweltbewusst zu verhalten und Menschen zu unterstützen, denen ein verantwortungsvoller Umgang mit der Natur am Herzen liegt, beispielsweise durch den Besuch von Restaurants, die (Bio-)Produkte aus der Region verwenden, oder dem Einkauf in kleinen Läden, die noch traditionelle Produkte fertigen.

🌱 Grüne Empfehlungen sind durch dieses Symbol gekennzeichnet.

Essen und Trinken

Die mediterrane Küche ist exzellent und verwöhnt den Gaumen mit abwechslungsreicher Kost. Ihr Geheimnis: Tomaten, Olivenöl, frische Kräuter und ein Hauch von Knoblauch.

◀ Bodenständige Küche, trendiges Ambiente: Restaurant Les Quinze Nits (▶ S. 44) im Zentrum Barcelonas.

In Italien wird stets aufwendig geschlemmt: Vorneweg werden Antipasti, kalte Vorspeisen, serviert, als »primo piatto« ein Nudelgericht, als Hauptspeise – »secondo« – ein Fleischgericht, etwa »cotoletta alla milanese« (paniertes Kalbsschnitzel). Wollen Sie die italienische Küche auch an Bord genießen, dann empfiehlt sich eine Kreuzfahrt mit einer der beiden italienischen Reedereien Costa oder MSC.

Falls Sie sich beim Essen an den Sternen im Michelin-Führer orientieren: Nirgendwo gibt es so viele mit Sternen, Kochmützen oder Kochlöffeln prämierte Restaurants wie an der Côte d'Azur. Um exzessiv schlemmen zu können, eignen sich die Liegezeiten der Schiffe jedoch kaum: Die Kreuzfahrtschiffe legen meist vor dem ersten Gang im Restaurant um 19 Uhr wieder ab.

Was Sie beim Landgang jedoch unbedingt tun sollten: einen **Kaffee** schlürfen. Das arabische Getränk wurde von Pilgern, die nach Mekka gereist waren, im gesamten Abendland verbreitet. Kein Wunder also, dass der Kaffee im Süden, im ehemaligen islamischen Herrschaftsbereich, immer noch ein bisschen besser schmeckt als weiter nördlich in Europa.

Auf dem Kreuzfahrtschiff wird man Sie mehr als ausreichend verpflegen, Sie sollten sich für den Landausflug jedoch trotzdem immer ein kleines kulinarisches Abenteuer vornehmen: den Besuch eines Cafés, einer Bar, einer Bäckerei, eines Marktes oder einer Markthalle.

»Pasticceria« und »horchatería«

Viele Hafenstädte warten mit traditionsreichen **Cafés** auf, beispielsweise in Neapel das Gambrinus. Hier können Sie eine »torta caprese« (mit Schokolade und Mandeln) oder eine »torta di limone« (Zitronentorte) bestellen. In Genua ist das Café der Wahl die Antica Pasticceria Klainguti, die bereits 1828 von einem Schweizer gegründet wurde. In Monaco sitzen alle, die etwas auf sich halten, im Café du Paris, an der Place du Casino. Hier sollten Sie sich wie überall sonst in Frankreich zum Kaffee ein himmlisch-buttriges Croissant genehmigen. Falls Sie Abwechslung vom Kaffee suchen, können Sie in Nizza auch das zentral gelegene **Teelokal** Le Thé aufsuchen oder in Barcelona eine der traditionellen **Milchbars**, die »granjes«. Hier werden Frucht-Milchgetränke und »horchata« (Erdmandelmilch) serviert. Diese wird aus gemahlenen Erdmandeln, die hauptsächlich in der Gegend von Valencia angebaut werden, Wasser und Zucker hergestellt. In Valencia gibt es im Stadtteil Alboraya auch gleich eine Avenida de la Horchata, in der Sie die Horchatería Daniel aufsuchen können. Eine »horchata« muss unbedingt frisch zubereitet genossen werden, in Flaschen abgefüllt schmeckt sie schal.

Da Sie an Bord sehr viel Zeit im Restaurant verbringen, werden Sie beim Landgang kaum Lust auf große Mahlzeiten mit mehreren Gängen verspüren. Für den kleinen Appetit sind ein Kaffee und ein »panino«, wie die belegten Brote in Italien heißen, aber genau das Richtige. Auf Malta werden zum Kaffee »pastizzi«,

Paella (▶ S. 23) – Genuss aus der Pfanne: Das durch Zugabe von Safran leuchtend gelbe Reisgericht ist ein Nationalgericht der Region Valencia.

mit Ricotta-Käse, Erbsenbrei oder Spinat gefüllte Teigtaschen, serviert. In Süditalien können Sie auch einfach in einer Bäckerei eine Pizzaecke und eine Flasche Mineralwasser ordern und es sich unter einer schattigen Zypresse bequem machen. In Ligurien besteht der schnelle Imbiss aus einer »farinata«, einem Fladen aus Kichererbsenmehl, oder »focaccia«, einem salzigen, meist mit Rosmarin gewürzten Fladenbrot. In Nizza heißt der Fladen aus Kichererbsenmehl im Übrigen »socca«, auch eine Art Pizza mit Sardellen gibt es hier, »pissaladiera«.

Schmackhafte Vielfalt aus der Suppenküche

Sie werden bei Ihrer Reise immer wieder feststellen, dass die Ähnlichkeiten der mediterranen Küche größer sind als ihre Unterschiede. An heißen Sommertagen wird in Südfrankreich eine »soupe au pistou«, eine **Gemüsesuppe** mit Knoblauch und Basilikum, serviert, weiter im Süden, in Spanien, sollten Sie sich bei heißem Wetter einen »gazpacho«, eine kalte Suppe aus Gurke, Tomate und Knoblauch, bestellen.

Der kleine Imbiss auf Mallorca und an der spanischen Küste sind die **Tapas**. Auf Mallorca stehen sie in jeder Bar auf der Theke: Schnecken (»cargols«), Fleischbällchen (»albóndigas«), Nierchen (»riñones«) in Weinsauce, gegrillte Sardinen oder eingelegte Sardellen (»boquerones«). In Katalonien tauchen bei den Tapas auch schon mal geschmortes Kaninchen oder dicke Bohnen mit Blutwurst auf. Der Klassiker ist ein »pa amb tomaquet«, ein geröstetes Brot mit Olivenöl und Tomaten. Das Tapas-Standardsortiment besteht aus Schinken- und Käsespezialitäten, beispielsweise Jabugo-Schinken, der einem auf der Zunge zergeht, und »queso de cabra« (Ziegenkäse), Kroketten aus Fisch und Tintenfischchen, außerdem Oliven, die nie und nirgends fehlen.

Am Nachmittag ist zu erwägen, den **Aperitif** vielleicht bereits an Land zu nehmen. In Italien können Sie sich einen Campari mit frisch gepresstem Orangensaft servieren lassen. In Spanien empfiehlt sich ein trockener Sherry, vorzugsweise »Fino«; die Sorten »Amontillado«, »Oloroso« und »Cream« sind schwerer und eignen sich daher eher als Dessertwein.

Sollten Sie im Herbst einmal einen kühleren Tag erwischt haben, dann können Sie sich in Frankreich mit einer »bouillabaisse«, einer **Fischsuppe** mit geröstetem Brot, wieder aufwärmen. Dazu wird meist »rouille« serviert, eine Knoblauchmayonnaise mit Chili. Jenseits der Pyrenäen in Katalonien taucht die Fischsuppe als »suquet de peix« auf den Speisekarten auf.

Die berühmte **Paella**, Safranreis mit verschiedenen Einlagen, ist etwas weiter südlich zu Hause: Sie kommt ursprünglich aus Valencia.

Die nordafrikanische Küche dominiert das **Couscous**. In Marokko ist dieses Gericht ein Feiertagsessen. Die Hartweizengrießkörner werden über dem Dampf einer Brühe gegart, die aus Lammfleisch, Auberginen, Zucchini, weißen Rüben, Karotten, Tomaten und Kichererbsen besteht. Auf dem Land kochen die Familien traditionell mehr Couscous, als sie selber essen können, und geben dann am Freitag den Armen vor der Moschee davon ab.

Als Snack gibt es in den marokkanischen Garküchen und Straßenrestaurants »brochettes«, gegrillte Lammspieße, und »kefta«, gegrillte, stark gewürzte Hackfleichröllchen. Dazu genießt man einen »thé à la menthe« (der augenzwinkernd auch Berber Whisky oder Whisky Marocain genannt wird), einen sehr süßen grünen Tee mit viel frischer Minze, der jedoch ein hervorragender Durstlöscher ist.

Markthallen und Souks

Eine Vorstellung von der jeweiligen Landesküche erhalten Sie am besten in einer der **Markthallen**, etwa im Mercado Central in Valencia. In dieser größten Markthalle am Mittelmeer arbeiten 1500 Menschen. Im Jugendstil im frühen 20. Jh. erbaut befindet sich die Markthalle an derselben Stelle wie schon der Souk islamischer Zeiten. Der Mercat de Santa Caterina in Barcelona erhielt 2005 ein neues, geschwungenes und farbenfrohes Dach. In der Regel sind die Markthallen nicht weit vom Hafen entfernt und auf dem Landgang gut und schnell zu erreichen. Zum Mercato Coperto im ligurischen Savona sind es nur wenige hundert Meter. In Genua heißt die Markthalle irreführend Mercato Orientale. Für eine authentisch-orientalische Marktatmosphäre muss sich der Kreuzfahrer schon auf die Südseite des Mittelmeers begeben. Dafür gibt es die Märkte dort, in Tunesien und Marokko, umso zahlreicher.

Empfehlenswerte Restaurants finden Sie bei den Orten im Kapitel ▶ Unterwegs im westlichen Mittelmeer.

Preise für ein dreigängiges Menü ohne Getränke:

€€€€	ab 40 €	€€	ab 17 €
€€€	ab 30 €	€	bis 17 €

Einkaufen

Einkaufen Mittelmeertypische Reiseandenken sind handgefertigte Spitze, Flamencofächer, Lederwaren und Keramik. Kulinarische Souvenirs, wie Olivenöl und Gewürze, bereichern die heimische Küche.

◄ Die Gewürze Nordafrikas tragen die Farben der Landschaft. In der heimischen Küche wecken sie Erinnerungen.

In den von vielen Touristen besuchten Städten am Mittelmeer werden Sie sich vor Andenkenläden nicht retten können. Preiswerter als in den Touristenshops ist das Shoppen – jedenfalls am nördlichen Mittelmeerufer – auf den Märkten, auf denen die Lokalbevölkerung einkauft.
Auf Malta haben Klöppelarbeiten Tradition. Echte **Spitze** ist teuer. In Geschäften und auch von Klöpplerinnen auf der Straße wird häufig Billigware aus Fernost angeboten.
Bei Albanicos Carbonell im spanischen Valencia können Sie sich hingegen sicher sein, echte Ware zu bekommen. Hier werden die berühmten, für den Flamenco unerlässlichen **Fächer** bereits in vierter Generation hergestellt und verkauft.

Rosenkranz und Krippenfiguren

Hochwertiges Kunsthandwerk finden Sie auch in Devotionalienläden, beispielsweise in der Altstadt von Neapel. Hier werden wunderschöne **Rosenkränze** feilgeboten. Sizilien ist die Heimat der geschnitzten **Krippenfiguren**. Berühmt sind auch die Krippenfiguren (»santos«) der Côte d'Azur. Sie kommen überwiegend aus Fréjus und Toulon.
In der Provence blühen blauviolett im Juli und August die Lavendelfelder. Beim Landausflug in Marseille sollten Sie sich unbedingt ein **Lavendelsäckchen** zulegen sowie ein Stück der berühmten Kernseife (»savon de Marseille«). Im Hinterland von Cannes im Städtchen Grasse duftet es unwiderstehlich nach Rosen und Jasmin. Grasse ist das Zentrum der französischen Parfümherstellung.

Flüssige Souvenirs: Grappa, Pastis und Sherry

Beliebt sind auch flüssige Souvenirs. In Italien sollten Sie eine Flasche **Grappa**, **Limoncello**, einen hochprozentigen Zitronenlikör, oder auch einen **Marsala** (süditalienischer Dessertwein) erstehen oder in Frankreich einen **Pastis**. Spanien lockt mit einem schier unüberschaubaren Angebot an **Sherry**, einem Likörwein.
Töpferwaren und **Keramik** können Sie überall am Mittelmeer erstehen. In Vallauris an der Côte d'Azur lernte der Maler Picasso das Töpfern. Noch heute wird hier Keramik nach seinen Entwürfen hergestellt und (in der Galerie Madoura) verkauft.
Aus Tunesien sollten Sie sich ein Päckchen getrocknete **Datteln** mitbringen, die dort von Oktober bis Anfang Dezember geerntet werden. Einen guten Ruf genießen außerdem die tunesischen **Lederwaren**, Taschen, Jacken und Schuhe. Schmuck, wie Ketten aus echten Korallen, und **Teppiche**, beispielsweise einen Kelim, sollten Sie lieber nicht auf den Souks, den farbenprächtigen Märkten, erstehen, sondern in einem der staatlichen Läden. Um den Preis gefeilscht wird immer.
Auch in Marokko sind Teppiche beliebte Reiseandenken. Hier bestechen aber auch die **Holzarbeiten** wie Teetischchen, Schalen und Kästchen aus Zedern- und Thujaholz.

Empfehlenswerte Geschäfte und Märkte finden Sie bei den Orten im Kapitel ▶ **Unterwegs im westlichen Mittelmeer.**

Feste und Events

Im Festkalender drängen sich Patronatsfeste und Kulturfestivals. Feuerwerke und feierliche Umzüge erinnern an längst vergangene historische Ereignisse. Viele der bunten Feste sind religiös motiviert.

◄ Zum Repertoire des Patronatsfests in Barcelona (▶ S. 28) gehören »gegants«, kunstvoll gearbeitete Riesenköpfe.

MÄRZ
Vampe di San Giuseppe, Sizilien

Ein Fest, das zu Ehren des sizilianischen Inselheiligen San Giuseppe stattfindet. Unter reger Anteilnahme der Bevölkerung lodern zahlreiche Feuer zum Himmel.
18. März

»Fallas« (Fackeln), Valencia

Die »fallas« gehen auf eine alte Tradition der Zimmerleute zurück, die Holz und Gerümpel verbrannten und damit das Ende des Winters feierten. Mit ungeheurem Aufwand basteln die Valencianer das ganze Jahr über mehr als 300 große Figuren aus Holz und Pappmaschee (»ninots«). Vier Tage nach Fertigstellung werden diese dann gnadenlos verbrannt, nur die schönste wandert ins Museo Fallero.
19. März

APRIL
Via Crucis, Rom

Feierliche Prozession durch Rom zum Kolosseum, wo der Papst einen Wortgottesdienst hält.
Karfreitag

Stadtgeburtstag, Rom

Die Stadt Rom feiert ihren Geburtstag mit einem bunten Feuerwerk auf dem Kapitol.
21. April

Festa di San Giorgio, Sizilien

Auf ganz Sizilien finden diverse Feierlichkeiten auf dem Dorfplatz zu Ehren des Inselheiligen statt.
23. April

MAI
Fest des San Gennaro, Neapel

Geburtstag des Schutzheiligen der Stadt, Prozession und Blutwunder.
Erstes Wochenende im Mai

JUNI
Regata Storica e Luminara di San Ranieri, Pisa

Der Bootwettstreit wird von vier Stadtteilen Pisas ausgetragen. Am Vorabend finden traumhafte Lichterimpressionen am Fluss statt.
16./17. Juni

Festa de' Noantri, Rom

Trastevere feiert mit Musik, Wein und Märkten jedes Jahr eine Woche lang ein fröhliches Straßenfest.
Zweite Junihälfte

Calcio Storico in Costume e Festa di San Giovanni, Florenz

Am Tag des Schutzpatrons von Florenz findet ein Fußballspiel in historischen Kostümen auf der Piazza Santa Croce statt. Abends endet das Spektakel mit einem Feuerwerk.
Am 24. Juni und an zwei jährlich neu festgelegten Tagen, meist zwischen 7. und 14. Juni

Festa dei Santi Pietro e Paolo, Rom

Zu Ehren der Stadtpatrone von Rom, der Apostel Petrus und Paulus, finden feierliche Prozessionen statt.
29. Juni

Gioco del Ponte, Pisa

Kräftemessen in Pisa: Zwölf Teams aus den Stadtteilen »Tramontana« und »Mezzogiorno« mit 240 bärtig kostümierten »Mannen« lassen auf der Brücke ihre Muskeln spielen.
Letzter Sonntag im Juni

JUNI/SEPTEMBER

Estate Romana, Rom

Sommer-Kulturprogramm der Stadt Rom mit Musik, Theater, Kino, Ausstellungen etc. in der ganzen Stadt.
www.estateromana.it

JULI

Taormina Arte, Sizilien

Musikalisches Sommerfestival im atemberaubend gelegenen griechischen Theater von Taormina.
www.taormina-arte.com

Roma Alta Moda

Die Models der Topdesigner schreiten in Roms Monumenten gekonnt den Laufsteg entlang.
Erste Julihälfte

U fistinu di Santa Rosalia, Palermo

In Palermo steht bei diesem Fest alles im Zeichen der Stadtheiligen. Die Inselmetropole gleicht einem brodelnden Hexenkessel. Der Höhepunkt des Festes ist eine Prozession, bei der eine Statue der hl. Rosalia auf einem reich geschmückten Wagen durch Palermo gezogen wird. Am letzten Abend findet am Hafen ein riesiges Feuerwerk statt.
14./15. Juli

Fest der Madonna del Carmine, Neapel

Der Brand des Turmes der Kirche S. Maria del Carmine wird mit Feuerwerkskörpern »nachgespielt«.
15./16. Juli

Internationales Jazz-Festival, Malta

Drei Tage lang wird an Vallettas Grand Harbour musiziert.
Zweite Julihälfte

Festival delle Ville Vesuviane, Ercolano

Konzerte im Portikus der Villa Campolieto in Ercolano.
www.villevesuviane.net

AUGUST

Geburtstag Napoleons, Ajaccio

Die Stadt ehrt ihren großen Sohn, der hier geboren ist.
15. August

SEPTEMBER

Día Nacional de Catalunya, Barcelona

Katalanischer Nationalfeiertag im Gedenken an die Niederlage Barcelonas gegen die Bourbonen unter Felipe V. von Spanien 1714. Es finden diverse Kundgebungen in Erinnerung an den Widerstand gegen die Unterordnung unter die spanische Krone statt.
11. September

Festa Major de la Mercè, Barcelona

Fest zu Ehren der Patronin des Mercedarierordens. Riesiges Volksfest mit einem »correfoc«, einem Umzug mit Feuer und Pappmascheefiguren, Sardana-Tanz und »castellers«, Türme aus Menschen.
17.–24. September

DEZEMBER

Winterschwimmen im Hafenbecken, Barcelona

Bald nach Weihnachten kommt es in Erinnerung an ein Tauffest am Stefanstag zu einem spektakulären Ereignis. Hunderte meist junge Menschen stürzen sich in das Wasser des Hafenbeckens und schwimmen bis zum jenseitigen Ufer.
26. Dezember

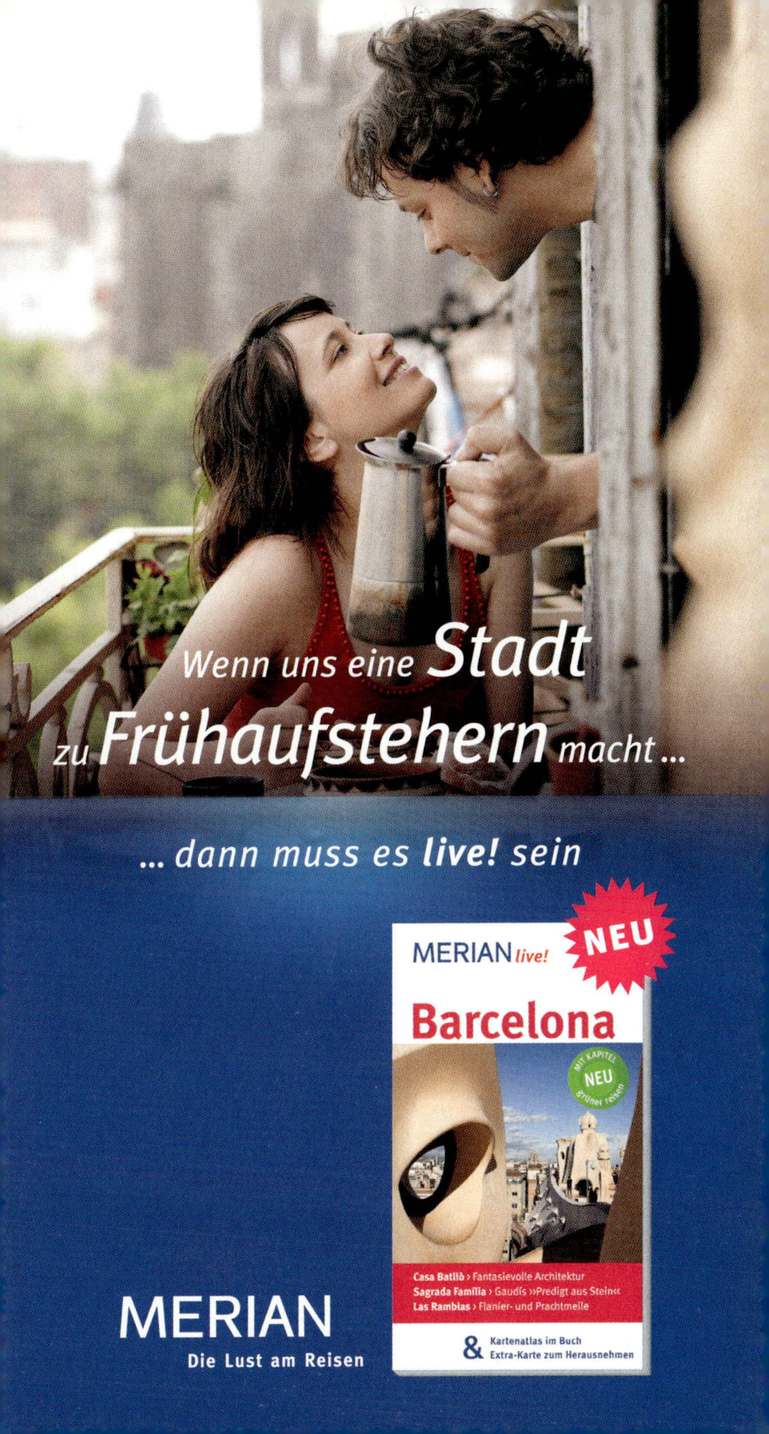

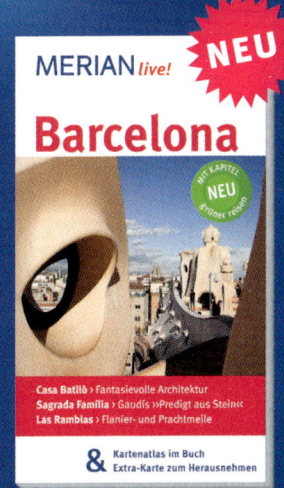

Wenn uns eine *Stadt* zu *Frühaufstehern* macht ...

... dann muss es *live!* sein

Tag für Tag steuert das Kreuzfahrtschiff
eine weitere Attraktion an. Glamourös
präsentiert sich Monaco (▶ S. 65), das
Fürstentum an der Côte d'Azur.

Unterwegs im
westlichen Mittelmeer

Das westliche Mittelmeer ist eine endlose Quelle der
Vielfalt. Pulsierende Städte kontrastieren mit einsamem
Hinterland, Prunkarchitektur mit Traumstränden.

Spanien

Die Iberische Halbinsel lockt mit Kathedralen, Jugendstil, »Sonnenküste« und Inselidylle. Architektonische Meisterwerke begeistern die Kunstfreunde, goldgelbe Sandküsten die Strandgänger.

◀ Architektur als Kunstwerk: die geschwungene Holzbrücke Rambla de Mar (▶ S. 42) in Barcelona.

Orient und Okzident, Tradition und Moderne – jede Region auf der Iberischen Halbinsel hat ihren eigenen Reiz, ihre Besonderheiten und Spezialitäten. Barcelona beeindruckt mit Antoni Gaudís genialer Jugendstilarchitektur, Valencia, die Heimat der Paella, lockt mit moderner Architektur, und auf Mallorca, der Deutschen liebster Insel, warten unberührte Landschaften darauf, entdeckt zu werden.

Málaga

570 000 Einwohner

Málaga, einst eine Gründung der Phönizier und von ihnen Malaka genannt, ist Drehscheibe für Tourismus und Wirtschaft an der Costa del Sol, der »Sonnenküste« im Süden Spaniens. In der – leider vom Bürgerkrieg stark zerstörten – Altstadt finden Besucher einiges an Sehenswertem, interessante Museen, ein quirliges Treiben in der Markthalle und viele verstaubte, mehr der Vergangenheit als der Moderne verpflichtete Läden und Geschäfte. Die Geburtsstadt des weltberühmten Künstlers Pablo Picasso bemüht sich, einen Ruf als Kulturmetropole zu erwerben.

HAFEN

Das Nueva Terminal de Cruceros, das neue Kreuzfahrtschiffterminal, befindet sich auf der östlichen Hafenmole. Am Yachthafen und an der Escuela Andaluza de Vela (der Segelschule) vorbei, ist die Innenstadt Malagas mühelos innerhalb einer Viertelstunde zu erreichen.

SEHENSWERTES

Alcazaba

Die Anfänge der Burg gehen bis auf die Römerzeit zurück. Ab dem 14. Jh. wurde die Anlage erweitert. Heute zählen zur Burganlage auch das **Archäologische Museum** und die Reste eines **römischen Theaters**. Ganz in der Nähe befindet sich der 130 m hohe **Gibralfaro**. »Berg des Leuchtturms« lautete der arabische Name für diesen Berg, wo wohl schon zu phönizischer Zeit ein Leuchtturm stand.

Di–So 9.30–20 Uhr (Winter 9.30–18 Uhr) • Eintritt 3,30 €

Catedral

Der wuchtige Kirchenbau steht an der Stelle einer maurischen Moschee. 1528 begann man mit der Errichtung der Kirche, 1588 wurde sie geweiht. Der dreischiffige Kirchenbau ist 115 m lang und 52 m hoch. Sehenswert ist das hölzerne Chorgestühl aus dem 17. Jh. sowie das **Museo Catedralicio**.

Molina Lario s/n • Mo–Fr 10–18, Sa 16–17 Uhr • Eintritt 4 €

MUSEEN

Casa Natal de Picasso

Dies ist das Geburtshaus des weltberühmten Malers, der hier am 25. Oktober 1881 zur Welt kam. Zu sehen sind Skizzen, Keramiken und andere Werke Picassos.

Pl. de la Merced 15 • Mo–Sa 11–14 und 17–20, So 11–14 Uhr • Eintritt frei

Centro de Arte Contemporáneo de Málaga

In Malagas Museum für zeitgenössische Kunst sind rund 400 Arbeiten spanischer und internationaler

Künstler aus den letzten 50 Jahren sowie Werke aktueller Gegenwartskunst ausgestellt.
C. Alemania s/n • www.cacmalaga. org • Di–So 10–20, im Sommer Di–So 10–14 und 17–20 Uhr • Eintritt frei

Museo Picasso

Seit 2003 sind im Palacio de Buenavista, einem andalusischen Palast aus dem 16. Jh., mehr als 200 Ölgemälde, Skulpturen, Zeichnungen, Stiche und Keramiken Picassos zu sehen. Vorbestellung der Eintrittskarten ist ratsam.
C. San Agustín 8 (Palacio de Buenavista) • www.museopicassomalaga. org • Di–Do, So 10–20, Fr, Sa 10–21 Uhr • Eintritt 6 €, Kinder frei

ESSEN UND TRINKEN
El Refectorium

Gehobener Anspruch • Das kleine Lokal liegt nahe der Stierkampfarena. Die Zutaten sind erstklassig, es gibt vor allem Fisch und Meeresfrüchte, aber auch Fleischgerichte.
C. Cervantes 8 • Tel. 9 52 21 89 90 • So geschl. • €€

Antigua Casa de Guardia

Älteste Bodega der Stadt • Noch heute werden hier direkt an der Alameda Principal in einem sehr urigen Ambiente vor allem Málaga-Weine direkt aus dem Fass ausgeschenkt. Rund 20 mehr oder weniger gereifte Weine können an der Theke verkostet werden.
Alameda Principal 18 • Tel. 9 52 21 46 80 • €

EINKAUFEN
Mercado Central

In der sehenswerten alten Markthalle findet man ein üppiges Angebot an frischem Obst, Gemüse, Fleisch, Fisch, Gewürzen, Axarquía-Rosinen und anderen Leckereien.
C. Atarazanas

SERVICE
AUSKUNFT
Fremdenverkehrsbüro

Pasaje de Chinitas 4 • Tel. 9 52 21 34 45 • www.malagaturismo.com

Ausflüge
◎ El Torcal Antequera

Eine einzigartige, bizarr zerklüftete Karstlandschaft befindet sich rund 10 km südlich der Stadt Antequera. **El Torcal de Antequera** heißt dieses inzwischen als Naturschutzgebiet ausgewiesene Gebirge, wo Wind, Hitze, Wasser und Kälte im Laufe der Jahrtausende ein beeindruckendes Ensemble von Felsenskulpturen geschaffen haben. Viele Arten von Orchideen und Greifvögel sind hier heimisch. Kühne Felsennasen und scharf abgeschliffene Kalksteinsockel ragen aus der Landschaft hervor. Im Herbst und Winter ziehen hier dichte Nebelschwaden durch und verhüllen auf gespenstische Weise diese wilde, urwüchsige Felsenlandschaft, die unbedingt einen Abstecher lohnt.
40 km nördl. von Málaga

◎ Marbella
99 000 Einwohner

Der mondäne Urlaubsort mit den Nobelvillen ist ein beliebter Treff des Jetset. Etwas vom andalusischen Flair hat in der am Hang gelegenen Altstadt von Marbella überdauert. 10 km westlich liegt der Sporthafen **Puerto Banús** mit zahlreichen Edelboutiquen.
55 km südwestl. von Málaga

ESSEN UND TRINKEN
Taberna del Alabardero
Die kulinarische Nr. 1 • Exzellente, baskisch inspirierte Meeresfrüchte- und Fischgerichte.
Benaharis, Urbanización Fuente del Espanto s/u, Carretera de Ronda, Km 167 • Tel. 9 52 81 27 94 • €€€

◎ Ronda
35 000 Einwohner

Ronda hat sich trotz allen Andrangs seine Identität als andalusische Gebirgsstadt bewahrt. Größte Attraktion der Ortschaft ist die spektakuläre Lage zu beiden Seiten der grandiosen, bis zu 200 m tiefen Tajo-Schlucht, die der Río Guadalevín durchfließt. 1911/12 verbrachte der deutsche Dichter Rainer Maria Rilke hier einige Winterwochen und pries die »unvergleichliche Erscheinung der auf zwei steilen Felsnasen hingehäuften Stadt«. Ronda gilt als Wiege des spanischen Stierkampfes. Umgeben ist die Stadt von der **Serranía de Ronda**, einem wilden, dünn besiedelten Bergland, mit reizvollen Dörfern, Wäldern und viel ländlicher Ursprünglichkeit.
100 km westl. von Málaga

MUSEEN
Stierkampfmuseum
Untergebracht in einem Gebäude der berühmten Stierkampfarena, die aus dem Jahr 1784 stammt.
Pl. de Toros de la Real Maestranza de España • tgl. außer an Tagen des Stierkampfes 10–19 Uhr • Eintritt 5 €

ESSEN UND TRINKEN
Pedro Romero
Deftig • Köstliche Delikatessen aus der Umgebung gibt es in diesem netten Restaurant.
Virgen de la Paz 18 • Tel. 5 92 87 11 10 • €€

Málaga, die Geburtsstadt Pablo Picassos, huldigt ihrem berühmten Sohn mit einem Museum (▶ S. 34), das sie im Palacio de Buenavista einrichtete.

Valencia

850 000 Einwohner

Stadtplan ▶ S. 136/137

Glücklicherweise wurde Valencia bislang weder vom Massentourismus noch von der Schickeria erobert. In den schmalen Einkaufs- und Wohnstraßen der Innenstadt spürt man noch das Flair des »alten« Spaniens. Dennoch gibt sich Valencia auch modern. Szene-Restaurants und Designer-Bars zählen hier ebenso zum Stadtbild wie in jeder europäischen Metropole. Vor allem aber manifestiert sich das dritte Jahrtausend im futuristischen Kunst- und Wissenschaftskomplex im Süden der Stadt.

HAFEN

Vom Cruise Terminal (Estación de Trasmediterránea), dem Anleger für Kreuzfahrtschiffe, verkehrt ein Shuttlebus zur Bushaltestelle der Buslinie 19, die in rund einer Viertelstunde für 1,15 € ins Stadtzentrum fährt.

SEHENSWERTES

Catedral   ▶ S. 136/137, C/D 2

Die Kathedrale wurde im 13. Jh. über den Resten einer arabischen Moschee errichtet und mehrfach umgebaut. Stilrein blieb der gotische Turm El Micalet, das Wahrzeichen von Valencia. Vor dem »Apostelportal« an der Plaza de la Virgen tagt seit dem Mittelalter jeden Donnerstag um 12 Uhr das Wassergericht (»Tribunal de las Aguas«), um Streitigkeiten um die Bewässerung in der Huerta von Valencia zu schlichten. Heute ist es nur noch Touristenattraktion. Im Inneren der Kathedrale wird im ehemaligen Kapitelsaal (14. Jh.) der »Cáliz« aufbewahrt, ein Kelch, den Jesus beim letzten Abendmahl benutzt haben

Valencia auf dem Weg ins dritte Jahrtausend: Die futuristische Ciutat de les Arts i les Ciències (▶ S. 37) ist ein Entwurf des spanischen Stararchitekten Santiago Calatrava.

soll und der auch als »Santo Grial« (»Heiliger Gral«) bezeichnet wird.
Pl. de la Reina • Metro: Pont de Fusta • www.catedraldevalencia.es • Mo–Fr 10–18.30, So 14–18.30 Uhr

Ciutat de les Arts i les Ciències (CAC) ⚔ ❦   ▶ S. 137, südöstl. F 4

Valencias Aushängeschild ist die futuristische Kunst- und Wissenschaftsstadt Ciutat de les Arts i les Ciències, ein 2 km langer Park mit Wasserflächen und Grünanlagen, in den fünf Meisterwerke des spanischen Stararchitekten Santiago Calatrava eingebettet sind. Die **Agora**, eine schmetterlingsförmige Halle, dient als Eingangsbereich in die Ciutat, l'**Umbracle**, unter dessen eleganten Bögen Palmen gedeihen, als Parkhaus. Der **Palau de les Arts**, Valencias neues Opernhaus, gleicht einem gewaltigen Insekt. Das **Museu de les Ciències Príncipe Felipe** zeigt Ausstellungen zu Themen wie Biologie, Ökologie oder Astronomie. L'**Hemisfèric**, ein Planetarium und Kino mit 900 qm großer, gewölbter Leinwand, hat die Form eines Auges. Zu sehen sind hier vorwiegend Filme zu wissenschaftlichen Themen in spanischer Sprache sowie Lasershows. Félix Candela entwarf den Publikumsmagneten L'**Oceanogràfic**, einen riesigen Meerwasserzoo.
Av. del Saler • Metro: Alameda • www.cac.es
– Museu de les Ciències: Juli–Mitte Sept. tgl. 10–21, sonst tgl. 10–19 Uhr • Eintritt 7,50 €, Kinder 4,80 €
– L'Oceanogràfic: Mitte Sept.–Mitte Juni So–Fr 10–18, Sa 10–20, Mitte Juni–Mitte Sept. tgl. 10–20 Uhr • Eintritt 23,90 €, Kinder 18 €
– Kombiticket Museum, Aquarium und Kino 31,60 €, Kinder 24 €

Estación del Norte   ▶ S. 136, C 4

Um die Wende vom 19. zum 20. Jh. erfuhr Valencia ein starkes Bevölkerungswachstum. Zugleich wuchs der Wohlstand des Bürgertums, das überall in der Stadt Wohn- und Geschäftshäuser im zeitgemäßen Stil des Modernisme errichtete, der katalanischen Variante des Jugendstils. Ein schönes Beispiel für diese Stilrichtung ist der »Nordbahnhof«, 1917 erbaut, seinem Namen zum Trotz am Südrand der damaligen Stadt gelegen.
C. Xàtiva • Metro: Xàtiva

Jardines de Monforte   ▶ S. 137, F 2

Eine der schönsten und beschaulichsten Gartenanlagen Valencias sind die Jardines de Monforte. Zwei Teile des Gartens sind im klassizistischen Stil nach französischem Vorbild gestaltet. Eine dritte Zone, der »Bosquete« (Wäldchen), wirkt fast naturbelassen, dem englischen Landschaftsgartenstil der Romantik entsprechend.
Pl. de la Legión Española • Metro: Facultats • Ende März–Ende Sept. tgl. 10.30–20, sonst nur bis 18 Uhr • Eintritt frei

Monasterio de San Miguel de los Reyes   ▶ S. 137, nördl. F 1

In seiner Monumentalarchitektur erinnert das ehemalige Hieronymitenkloster an den Escorial, den Königspalast bei Madrid. Ab dem Jahre 1545 wurde es, damals eine halbe Tagesreise vom Stadtzentrum entfernt, in der Huerta nördlich von Valencia angelegt. Beachtung verdient vor allem die von zwei Türmen flankierte Renaissancefassade der Kirche (17. Jh.). Deren Querschiff überwölbt eine ausnehmend schöne blaue Kuppel. Seit 1985 beherbergt das Kloster die Bibliotheca Valenciana, deren Aufgabe es ist, Schrifttum in valencianischer Sprache zu sammeln.

Metro: Sant Miquel dels Reis • Mo–Fr 9–20.30, Sa 9–13.30 Uhr, Sa und So Führungen um 12 und 13 Uhr • Eintritt frei

Puente de la Exposición

▸ S. 137, F 3

Die futuristische Brücke, ein Entwurf des Stararchitekten Santiago Calatrava, erhielt wegen ihrer ungewöhnlichen Form von den Valencianern den Spitznamen »La Peineta« (der Kamm). Mit nur einem 14 m hohen Bogen überspannt die Stahlkonstruktion in einem kühnen Schwung den Ríu Túria.

Metro: Alameda

Torres de Serranos   ▸ S. 136, C 1

Von der mächtigen Stadtmauer Valencias blieb dieses beeindruckende Nordtor erhalten. Im 14. Jh. wurde einer der besten damaligen Baumeister, Pere Balaguer, damit beauftragt, den wichtigsten Eingang in die Stadt zu sichern. Dabei orientierte er sich am Vorbild der südfranzösischen Festungsstadt Carcassonne. Zwei fünfeckige Türme flankieren einen Durchlass, der gerade eben groß genug war, um einen Reiter oder einen Wagen hindurchzulassen. Vom 16. Jh. bis 1887 dienten die Türme als Gefängnis für adelige Straftäter. Heute dürfen Besucher bis auf die oberen Plattformen steigen, wo sich ein schöner Blick über die Stadt bietet.

Pl. Fueros • Metro: Pont de Fusta • Di–Sa 10.30–14 und 16.30–20.30, So 10–15 Uhr • Eintritt 2 €

MUSEEN
Museo de Bellas Artes

▸ S. 137, E 1

Eine der größten und bedeutendsten Gemäldesammlungen Spaniens. Neben valencianischen Malern findet man auch Werke von El Greco, Goya und Velázquez.

C. San Pio V 9 • Metro: Pont de Fusta • http://museobellasartes valencia.gva.es • Di–So 10–20 Uhr • Eintritt frei

WUSSTEN SIE, DASS…

… die Paella in Valencia ihren Ursprung hat? Von dort aus trat sie ihren Siegeszug durch ganz Spanien an, wo sie inzwischen als eine Art Nationalgericht gilt.

SPAZIERGANG

Stadtplan ▸ S. 136/137

Von der Südseite der **Plaça de la Reina** gelangt man durch den lebhaften Carrer de Sant Vicent Màrtir und die schräg links abzweigende Straße **Plaça de Ajuntament** zum Rathausplatz. Dieser ist als Park angelegt, ein Springbrunnen spendet kühles Nass. Blumenhändler bieten ihre Ware feil. Vom Rathausplatz schlägt man den Carrer d'En Llop in westlicher Richtung ein und geht über den Carrer de Sant Vicent Màrtir geradeaus hinweg. Rechts biegt man ein in den Carrer Mùsic Peydró. Korbmöbel, aber auch anderes Mobiliar werden hier verkauft. Dann trifft man auf den Carrer Palafox, der im spitzen Winkel links am Jugendstilgebäude einer Sparkasse vorbei zum **Mercado Central** führt. Nach Durchqueren der Markthalle verlässt man sie bei der

Fischabteilung. Weiter geht es nach rechts. Gegenüber erhebt sich die **Lonja**. Die ehemalige Seidenbörse wurde wie eine katalanische Hallenkirche gebaut. Die schlanken, gedrehten Säulen erinnern an Palmen und enden wie diese in einem Schopf aus »Wedeln« im Deckengewölbe. Als einziges Monument Valencias wurde die Lonja de la Seda von der UNESCO zum Welterbe der Menschheit erklärt. An ihr geht man links vorbei durch die Calle Cordellats zur Plaza Compañía und weiter durch die schmale Calle de la Cenia. So gelangt man in das Gewirr der Altstadtgassen. Hier geht es links durch die Calle de la Estameñería Vieja, die in die Calle de la Purisma übergeht. An einem bunten Fliesenbild, das einen Bischof bei einer Taufe zeigt, rechts abbiegen und weiter durch die Calle Correjería. An einigen Antiquitätenhandlungen vorbei hält man auf die **Plaça de la Virgen** zu, den Platz hinter der Kathedrale, wo in einem Springbrunnen die allegorische Bronzefigur des Flussgottes Túria ruht. Dieser Platz ist der Treffpunkt schlechthin. Straßencafés laden zur Rast ein. Anschließend gelangt man durch die Calle de Micalet zurück zur Plaça de la Reina.
Dauer: 2 Std.

ESSEN UND TRINKEN
Ca'Sento   ▶ S. 137, östl. F 4
Bestes Restaurant • Das Lokal im Hafenviertel bietet Fangfrisches aus dem Meer. Reservierung ist unbedingt erforderlich.
C. Méndez Núñez 17 • Metro: Francisco Cubells • Tel. 9 63 30 17 75 • www.casento.net • So, Mo und im Aug. geschl. • €€€€

Ben Fet   ▶ S. 136, C 2
Innovativ • Restaurant der Hotel- und Tourismusschule. mit Schwerpunkt auf Reisgerichten.
C. Correjería 28 • Metro: Pont de Fusta • Tel. 9 63 15 52 50 • www.ehtvalencia.com • nur abends geöffnet • €€€

Torres de Serranos (▶ S. 38): zwei Türme der einstigen Stadtmauer Valencias .

EINKAUFEN
La Querencia   ▶ S. 136, C 4
Gut bestückte Weinhandlung zwischen Tradition und Moderne.
C. del Pelayo 32 • Metro: Xátiva • Tel. 9 63 36 00 99

SERVICE
AUSKUNFT
Tourist Info Valencia-Reina
        ▶ S. 136, C 2
Pl. de la Reina 19 • Tel. 9 63 15 39 31 • www.turisvalencia.es • Mo–Sa 9–19, So 10–14 Uhr

Barcelona

1 640 000 Einwohner

Stadtplan ▸ S. 138/139

Um die Jahrhundertwende war Barcelona das Zentrum des »Modernisme«, des katalanischen Jugendstils. Der geniale Antoni Gaudí sowie seine Kollegen Lluís Domènech i Montaner und Josep Puig i Cadafalch verliehen ihr ein neues, aufregendes Gesicht. Und auch heute ist Barcelona immer wieder aufregend, denn die Stadt, die sich täglich neu erfindet, gehört sicherlich zu den spannendsten Metropolen der Welt.

HAFEN

Einer der schönsten Häfen am Mittelmeer ist der von Barcelona. Nur einen Steinwurf von der Estació Maríttima an der Moll de Barcelona, an der die Kreuzfahrtschiffe festmachen, entfernt steht die Kolumbus-Säule, das Monument a Colom.

SEHENSWERTES

L'Aquarium 👦👧   ▸ S. 139, E 4

Diese Schau von rund 10 000 Lebewesen aus allen Weltmeeren gilt als wichtigste im gesamten Mittelmeerraum. Bedeutendste Attraktion ist ein großes Becken mit mehreren imposanten Haifischen, das die Besucher durch einen 80 m langen Tunnel aus durchsichtigem Acryl unterqueren können.

Moll d'Espanya • Metro: Drassanes • www.aquariumbcn.com • Mo–Fr 9.30–21, Sa, So, Feiertag bis 21.30 Uhr • Eintritt 17,50 €, Kinder 12,50 €

Barri Gòtic   ▸ S. 139, E 2/3

Das Gotische Viertel mit seinen zahlreichen Monumentalbauten aus dem 13. bis 15. Jh. konzentriert sich vornehmlich auf das Areal innerhalb der ehemaligen Stadtmauer. Überdauert haben nicht nur gotische Gebäude, sondern auch Bauwerke aus anderen Stilepochen. Im Zentrum liegt die **Plaça Sant Jaume**, flankiert vom **Palau de la Generalitat**, dem Sitz der Regionalregierung, und dem Gebäude des **Ajuntament** (Rathaus) mit neoklassizistischer Fassade.

Metro: Jaume I

Casa Batlló   ▸ S. 139, E 1

Die Casa Batlló zählt zu den größten Meisterwerken von Antoni Gaudí. Der geniale katalanische Architekt befasste sich im Auftrag des Textilfabrikanten Josep Batlló i Casanovas zwischen 1905 und 1907 mit Umbau und Neugestaltung des Gebäudes. Das fantastische Resultat: ein Dach, das Assoziationen mit dem grünbunten Schuppenpanzer eines Drachen wachruft, seltsame, venezianischen Karnevalsmasken gleichende Balkone, schwellende Formen und eine geschuppte Fassade.

Pg. de Gràcia 43 • Metro: Pg. de Gràcia • www.casabatllo.es • tgl. 9–20 Uhr • Eintritt inkl. Audioguide 16,50 €

Casa Milà (La Pedrera)
▸ S. 139, nördl. E 1

Auch das zwischen 1906 und 1910 von Antoni Gaudí für seinen Freund Pere Milà geschaffene Wohnhaus am noblen Passeig de Gràcia spiegelt die Genialität des großen katalanischen Architekten wider. Die originelle wellenförmige Steinfassade erinnerte die seinerzeit reichlich verblüfften Barcelonesen an einen stilisierten Steinbruch, daher gaben sie dem Haus den Namen La Pedrera. Im Dachgeschoss informiert

der »Espai Gaudí« ausführlich und multimedial über das Lebenswerk des großen Meisters.
Pg. de Gràcia 92/Provença 261–265 • Metro: Diagonal • www.lapedrera educacio.org • März–Okt. tgl. 9–20, Nov.–Feb. tgl. 9–18.30 Uhr • Eintritt 11 €, Kinder frei

Castell de Montjuïc ▶ S. 138, A 4

Der Besuch dieser hoch über der Innenstadt gelegenen Festung lohnt schon allein wegen der grandiosen Blicke. Das eigentliche Kastell mit seinen Verteidigungsanlagen entstand Mitte des 17. Jh. in der Regierungszeit Felipes IV. und wurde später mehrmals erweitert.
Metro bis Paral.lel, dann über Carrer Nou de la Rambla bis zum Funicular (Zahnradbahn), Okt.–April Mo–Fr 7.30–20, Sa, So 9–20, Mai–Sept. bis 22 Uhr, von der Endstation erreicht man das Castel zu Fuß in ca. 15 Min. oder per Telefèric (Kabinenseilbahn) • www.castillomontjuic.com • Mo–Sa 11–20.30, So 11–14.30 Uhr • Eintritt 6 €, Kinder 4,30 €

Catedral de Santa Eulàlia
▶ S. 139, E 3

Zu den größten Kostbarkeiten der Hauptkirche Barcelonas zählen der Chor mit seinem kunstvoll geschnitzten Chorgestühl, die vier szenischen Marmorreliefs auf der Rückseite des Chors (»Trascoro«), dann in einer Kapelle des südlichen Seitenschiffs der berühmte Christus von Lepanto, eine eindrucksvoll gearbeitete hölzerne Christusfigur, die 1571 beim Sieg gegen die türkische Flotte in der Seeschlacht von Lepanto das Kommandoschiff zierte. Sehenswert ist auch der Kreuzgang.
Pl. de la Seu • Metro: Jaume I

Mirador de Colom 🧍 ▶ S. 139, D 4

Zur Seeseite hin steht am Ende der Ramblas die Kolumbus-Säule. Wer zur 60 m hoch gelegenen Aussichtsplattform hinaufsteigt, genießt von dort einen interessanten Blick auf das Hafengelände und die Altstadt.

Die Ostfassade der Sagrada Família (▶ S. 42) zeigt die Heilige Familie.

Monument a Colom • Metro: Drassanes • Juni–Sept. tgl. 9–20.30, Okt.–Mai tgl. 10–18.30 Uhr • Eintritt 2,50 €, Kinder 1,50 €

Parc Güell 🧍 ▶ S. 139, nördl. E 1

Der von Antoni Gaudí konzipierte Park wurde von der UNESCO in die Liste der zu schützenden Kulturgüter aufgenommen. Er liegt außerhalb des Zentrums, ist aber mit der Metro einfach zu erreichen und zählt zu den herausragenden und originellen Sehenswürdigkeiten der Stadt.
C. d'Olot s/n • Metro: Vallcarca

Plaça Reial ▸ S. 139, D 3

Der palmengesäumte, von schönen Arkaden und pompös verzierten Häuserfassaden im neoklassischen Stil eingefasste Platz zählt zu den würdevollsten Orten im Zentrum der Stadt. Rings um den Platz befinden sich Terrassenrestaurants, Cafés, Bars und Pensionen.
Metro: Liceu

Port Vell/Moll d'Espanya ▸ S. 139, E 4

Die 100 000 qm große Moll d'Espanya, Teil des alten Hafens, ist ein Unterhaltungs-, Freizeit- und Einkaufszentrum, das man über einen 330 m langen Holzsteg (**Rambla de Mar**) erreicht. Zu den herausragenden Attraktionen zählt neben dem berühmten Aquarium das eigentliche Maremágnum, ein riesiges Freizeit- und Einkaufszentrum.
Metro: Drassanes

Las Ramblas ▸ S. 139, E 2–D 4

Die stets bevölkerte, fast 1,4 km lange Promenade führt durch das Herz der Innenstadt. Der von Bäumen gesäumte, rechts und links von verkehrsreichen Straßen eingefasste Boulevard verbindet die Plaça de Catalunya mit der Plaça Portal de la Pau (Kolumbus-Statue).
Seit dem 18. Jh. nehmen die Ramblas den Rang einer Flanier-, Einkaufs- und Prachtstraße ein. Die Ramblas werden vor allem im Sommer zur Bühne von Akrobaten, Mimen, Gauklern und Straßenmusikanten. Zu beiden Seiten der Promenade liegen zahlreiche Cafés und Läden, Hotels, Souvenirgeschäfte, Fast-Food-Lokale und Vergnügungsstätten.
Metro: Catalunya, Liceu oder Drassanes

Sagrada Família ★2 ▸ S. 139, östl. F 1

Als eine »Predigt aus Stein« bezeichnete Antoni Gaudí einst den von ihm konzipierten Sühnetempel, der heute alljährlich von Hunderttausenden besucht wird und zu einem weltbekannten Wahrzeichen Barcelonas geworden ist. Das der Heiligen Familie geweihte und bis zum heutigen Tag aus Spenden finanzierte Bauwerk gilt – obwohl auch andere Baumeister und Bildhauer beteiligt waren – als Lebenswerk des tief religiösen Stararchitekten Gaudí. 1882 begannen die Bauarbeiten, 1883 übernahm Gaudí die Bauleitung, die er bis zu seinem Tod 1926 innehatte. Zu den bedeutendsten Elementen der Sagrada Família zählen die markanten Türme, die über eine Wendeltreppe bestiegen werden können (nur für Schwindelfreie geeignet), die wundervolle Geburts- oder auch Weihnachtsfassade (mit flügellosen Engeln) und die erst vor wenigen Jahren fertiggestellte Leidensfassade.
Pl. de la Sagrada Família • Metro: Sagrada Família • www.sagradafamilia.org • Okt.–März tgl. 9–18, April–Sept. tgl. 9–20 Uhr • Eintritt 12 €

MUSEEN

Centre de Cultura Contemporània de Barcelona (CCCB) ▸ S. 139, D 2

Das Museum entstand durch die architektonisch sehr gelungene Überbauung eines historischen Klosterhofs und der angeschlossenen Gebäude. Es widmet sich der zeitgenössischen Kunst und Kultur. Für Freunde zeitgenössischer Kunst unbedingt ein Gewinn.
C. Montalegre 5 • Metro: Catalunya • www.cccb.org • Di–So 11–20, Do bis 22 Uhr • Eintritt 4,50–6 €

Flaniermeile, Einkaufspromenade, Laufsteg – die fast 1,4 km langen Ramblas (▶ S. 42) werden von Blumenständen, Cafés und geschäftigen Händlern gesäumt.

Fundació Joan Miró   ▶ S. 138, A 3

Die Fundacío ist Sitz und Ausstellungsgebäude der 1971 von Joan Miró gegründeten Kunststiftung. Schon das von Josep Lluís Sert geschaffene und 1975 eingeweihte Gebäude ist sehenswert. Die Kollektion der Werke von Joan Miró umfasst mehr als 300 Gemälde und Zeichnungen, zudem 150 Skulpturen. Parc de Montjuïc • Metro: Paral.lel • www.bcn.fjmiro.es • Di–Sa 10–19, Do bis 21.30, So, Feiertag 10–14.30 Uhr • Eintritt 8,50 €

Museu d'Art Contemporani de Barcelona (MACBA)   ▶ S. 139,D 2

Das avantgardistische Museum bietet der zeitgenössischen Kunst gebührenden Raum. Das Gebäude stammt vom amerikanischen Stararchitekten Richard Meier. Ausgestellt sind Werke von Künstlern wie Calder, Tàpies, Pistoletto oder Boltanski. Pl. dels Àngels 1 • Metro: Catalunya oder Liceu • www.macba.es • Mo, Mi–Fr 11–19.30, Sa 10–20, So, Feiertag 10–15 Uhr • Eintritt 7,50 €, Kinder frei

Museu Nacional d'Art de Catalunya (MNAC)   ▸ S. 138, A 3

Das Museum nennt allein 270 Werke aus der Romanik und etwa 300 aus der Gotik sein Eigen. Eine auf der ganzen Welt konkurrenzlose Sehenswürdigkeit sind die romanischen Freskenmalereien, die aus den Apsiden von 29 bedeutenden romanischen Kirchen der katalanischen Pyrenäen stammen. Daneben zeigt das Museum sakrale Gegenstände, Holzskulpturen und Säulenkapitelle.
Palau Nacional, Parc de Montjuïc • Metro: Espanya • www.mnac.es • Di–Sa 10–19, So, Fei 10–14.30 Uhr • Eintritt 8,50 €, 1. So im Monat frei

Museu Picasso   ▸ S. 139, F 3

Das Museum zeigt Werke von Picasso und einigen seiner frühen Zeitgenossen in chronologischer Anordnung. Die Sammlung umfasst auch weniger bekannte Werke Picassos aus seinen frühen Jahren.
C. de Montcada 15–23, Einlass Nr. 19 • Metro: Jaume I • www.museu picasso.bcn.es • Di–So 10–20 Uhr • Eintritt 9 €, Kinder frei, 1. So im Monat frei

SPAZIERGANG

Stadtplan ▸ S. 138/139
Der Rundgang beginnt nahe dem **Monument a Colom** an der Plaça Portal de la Pau, dort nehmen die **Ramblas** ihren Anfang. Der Weg führt mit leichter Steigung aufwärts in Richtung **Plaça de Catalunya**. Sehenswürdigkeiten unterwegs sind die rechts nahe der Ramblas liegende **Plaça Reial** mit ihren stilvollen Arkaden, dann weiter links der große Wochenmarkt **Mercat de la Boquería** (So geschl.), der Palau de la Virreina aus dem 17. Jh. und die

Kirche Església Betlem. An der Plaça de Catalunya überquert man diagonal den Platz und biegt in den breiten **Passeig de Gràcia** ein. Bei Nr. 41 erreicht man die **Casa Amatller** und die **Casa Batlló** (Nr. 43), wunderbare Beispiele für die fantasievolle Gestaltungskraft des katalanischen Jugendstils. Man kehrt auf der anderen Seite des Passeig de Gràcia zur Plaça de Catalunya zurück und folgt der Avinguda Portal de l'Àngel durch das Einkaufsviertel bis zur Plaça Nova und der Kathedrale **Santa Eulàlia**. Nach ihrem Besuch geht man über die Carrer del Bisbe bis zur Plaça Sant Jaume, dem bedeutendsten Platz im **Barri Gòtic**. Von der Plaça Sant Jaume biegt die Carrer Llibreteria ab, sie führt zum **Museu d'Història de la Ciutat**, dem Stadtmuseum, an der Plaça del Rei. Über die Plaça de l'Àngel, dann weiter über die Carrer de la Princesa, schließlich rechts in die Carrer de Montcada einbiegend, erreicht man dort bei der Nr. 15 das berühmte **Museu Picasso**. Nach dessen Besuch führt der Weg durch die Carrer Montcada zur schönen gotischen Kirche **Sta. María del Mar**. Von dort geht es zurück zu den Ramblas.
Dauer: ca. 3 Std.

ESSEN UND TRINKEN

Les Quinze Nits   ▸ S. 139, D 3

Einfach, aber lecker • Ein wenig an Fast Food erinnernde Gerichte und niedrige Preise bewirken, dass sich abends und wochenends Schlangen vor dem Lokal bilden. Es gibt vor allem katalanische Spezialitäten.
Pl. Reial 6 • Metro: Liceu • Tel. 9 33 17 30 75 • www.lesquinzenits.com • tgl. 13–15.45 und 20.30–23.30 Uhr • €€

Tapa Tapa ▸ S. 139, E 1

Beliebtes Szenerestaurant • Bar mit einem außergewöhnlich guten und umfassenden Angebot an Tapas.
Pg. de Gràcia 44 • Metro: Gràcia • Tel. 9 34 88 33 69 • tgl. 8–1.30 Uhr • €€

Orgánic 🌿 ▸ S. 139, D 3

Flaggschiff der Bio-Szene • Hier verbinden sich die Vorzüge biologisch-vegetarischer Küche mit geschmackvollem Ambiente. Die farbenfrohe Ausstattung erinnert an ein Gartenlokal.
Junta de Comerç 11 • Metro: Liceu • Tel. 9 33 01 09 02 • www.antoniaorganic kitchen.com • tgl. 12–24 Uhr • €

Granja Viader ▸ S. 139, D 2

Charme von gestern • Einer der stilvollsten Vertreter der vom Zeitgeist bedrängten Gattung »granja« (Milchbar). Himmlisch: die »horchata« (Erdmandelmilch) und der hausgemachte Käsekuchen.
C. d'En Xuclà 4–6 • Metro: Liceu oder Catalunya • Tel. 9 33 17 10 17 • So, Feiertag geschl.

EINKAUFEN

Mercat de la Boquería
 ▸ S. 139, D 3

Ein Erlebnis: der Wochenmarkt für Lebensmittel und Delikatessen mit seiner würdevollen Markthalle.
La Rambla de Sant Josep 105 • Metro: Liceu • Mo–Sa 8–19 Uhr

SERVICE

AUSKUNFT

Barcelona Tourisme ▸ S. 139, E 2

Pl. de Catalunya 17 (Untergeschoss) • Metro: Catalunya • Tel. 9 32 85 38 34 • www.barcelonaturisme.com • tgl. 9–21 Uhr

---

MERIAN-Tipp ✡ **1**

COLMADO QUILEZ ▸ S. 139, E 1
Liebenswert gepflegter Kolonialwarenladen (»colmado«) für katalanische, spanische und internationale Delikatessen. Gourmets kaufen hier katalanische Wurstwaren, würzigen Schinken, Käsesorten, edle Fischkonserven, Süßwaren, Olivenöle, Cavas, Weine und Spirituosen. Riesenangebot an internationalen Bieren.
Barcelona, Rambla de Catalunya 63 • Metro: Gràcia • www.la fuente.es

MALLORCA

»La Luminosa« – »die Erleuchtete« nennen die Mallorquiner ihre Insel, denn die Luft ist klar, die Sicht weit, und viele Stunden im Jahr lacht die Sonne. Von der größten Baleareninsel geht eine Faszination aus, der man sich kaum entziehen kann. Schroffe Gebirgszüge wechseln sich ab mit kilometerlangen Sandstränden, verträumte Dörfer mit verschwiegenen Buchten.

Palma

396 000 Einwohner
Stadtplan ▸ S. 140/141

Viel gibt es zu sehen in der Inselhauptstadt Mallorcas, die auf eine zweitausendjährige Geschichte zurückblickt. Palma ist eine richtige Großstadt, aber gut überschaubar. Schnell gelangt der Besucher von den breiten Zufahrtsstraßen in die anheimelnden schmalen Gassen der Altstadt, wo die Sehenswürdigkeiten auf engstem Raum stehen.

HAFEN

Die Docks der Kreuzfahrtschiffe im Port de Palma liegen etwa 3 km südlich vom Zentrum, wohin man in einer guten halben Stunde zu Fuß gelangt.

SEHENSWERTES

Almudaina   ▶ S. 140, B 4

Die Geschichte dieses Palastes ist die Geschichte der Stadt: ehemals Festung der arabischen Herrscher, später Residenz der Mallorquiner Könige, danach Sitz des Gouverneurs und schließlich der balearischen Militärkommandantur. Der kürzlich renovierte Südteil des gotischen Bauwerks mit dem prächtigen Thronsaal ist zur Besichtigung freigegeben, sofern nicht König Juan Carlos gerade auf Mallorca weilt und den Palast für Empfänge nutzt.
April–Sept. Mo–Fr 10–18.30, Okt.–März 10–14 und 16–18, Sa 10–14 Uhr • Eintritt 3,20 €, Kinder 2,30 €, Mi frei

Sa Llotja (La Lonja)   ▶ S. 140, A 4

Die alte Warenbörse dient heutzutage als Ausstellungsraum. In seiner langen Geschichte wurde das gotische Meisterwerk aus dem 15. Jh., dessen Säulen sich wie Palmen auffächern, u. a. für Karnevalsveranstaltungen genutzt.
Pl. Llotja, am Passeig de Sagrera • Di–Sa 11–14 und 17–21, So 11–13 Uhr

La Seu (Kathedrale)
                          ▶ S. 140, C 4

Am Anfang dieses herausragenden Beispiels gotischer Architektur stand ein Gelübde, das König Jaume I. vor der Schlacht gegen die arabischen Herren der Insel abgegeben haben soll. Nach dem Sieg wurde 1230 der Grundstein auf den Ruinen der Hauptmoschee gelegt. Die Fertigstellung der Kathedrale dauerte insgesamt 300 Jahre. Anfang des 20. Jh. durfte Antoni Gaudí, das Genius des katalanischen Jugendstils, Hand mit anlegen. Seine Änderungen, die vielfach mit dem Überflüssigen »aufräumten«, gaben dem Innenraum Klarheit und Weite. Bewundert wird von allen Besuchern die natürliche Beleuchtung. Die Sonnenstrahlen fallen durch Tausende von bunten Einzelscheiben und machen das mächtige Bauwerk zu einer Kathedrale des Lichts.
Besichtigung durch Kathedralmuseum, Pl. de l'Almoina • Mo–Fr 10–18, Sa 10–14 Uhr • Eintritt 4 €

MUSEEN

Es Baluard — Museu d'Art Modern i Contemporani
                          ▶ S. 140, westl. A 3

Das Kunstmuseum, integriert in der alten Stadtmauer, beherbergt Klassiker der Moderne wie Miró und Picasso, aber auch Werke zeitgenössischer Meister wie Kiefer und Baselitz. Schöner Blick auf den Hafen.
Pl. Porta de Sta. Catalina • www.esbaluard.org • Di–So 10–22, im Winter 10–20 Uhr • Eintritt 6 €, Kinder frei

SPAZIERGANG

Stadtplan ▶ S. 140/141

Der Rundgang durch die Altstadt La Portella beginnt an der **Plaça de la Reina**. Eine breite Treppengasse, die Costa de la Seu, führt entlang dem Gemäuer des Almudaina-Palastes zur Plaça de l'Almoina mit der alles beherrschenden **Kathedrale**. Gleich nebenan liegt der **Almudaina-Palast**.

Die ehrwürdige Kathedrale von Palma, im Volksmund La Seu (▶ S. 46) genannt, überstrahlt abends festlich beleuchtet den Hafen.

Durch die Gassen Estudi General und Zanglada gelangt man zur Calle Almudaina, über die sich der Almudaina-Bogen spannt. Man passiert den nicht gerade großen, aber bekannten Bogen und nimmt die Calle Morey in Richtung Meer. Auf dem Weg zu den Arabischen Bädern stößt man auf den **Palau Oleza**, ein Paradebeispiel der mallorquinischen Stadtpaläste. An der folgenden Gabelung nimmt man die schmale linke Gasse, sie heißt Portella, so wie das ganze Viertel auch **La Portella** genannt wird. Am Ende der Gasse biegt man links ab und läuft die Calle Serra hoch. Die **Arabischen Bäder** liegen auf der rechten Seite, sie stellen das einzige Gebäude aus maurischer Zeit dar. Die Gassen Santa Clara und Pare Nadal führen nun zur Klosterkirche **Sant Francesc** aus dem 13. Jh. Die rückwärtige Fassade des Konvents grenzt an die mit Palmen und Platanen begrünte Plaça Quadrado. Die davon abzweigenden Parallelgassen Can Sanç und Can Savellà sind beide sehenswert.

In Letzterer steht der **Palau Vivot**. Der Stadtpalast des Marqués de Vivot aus dem 18. Jh. kann nur nach Anmeldung besichtigt werden. Vom Adelshaus führt der Weg nun in die Can Sanç zu Palmas ältester Schokoladeria **Can Joan de S'Aigo**, die ebenfalls seit dem 18. Jh. besteht. Die Einrichtung ist plüschig, der Kakao dick und süß, so haben ihn schon Joan Miró und andere berühmte Gäste genossen.

Gestärkt geht man zur Kirche **Santa Eulària**. Sie ist Palmas ältestes Gotteshaus, errichtet im 13. Jh., und hat einen auffallend schönen Glockenturm. Sehr weltlichen Schmuck findet man in den Auslagen der Geschäfte der Calle Argenteria, die über die Calle Bosseria zur Plaça Marquès del Palmer führt. Nur wenige Schritte sind es nun noch zur **Plaça Major**. Von diesem Hauptplatz mit Bogengang zweigen die großen Straßen Sindicat, Sant Miquel und, hinter dem Teatre Principal, die **Rambla** ab. Man kehrt nach einem gemütlichen Rundgang unter den Arkaden in die Bosseria zurück und nimmt die Geschäftsstraße Jaume II bis zur Plaça Cort. Hier steht das Rathaus oder **Ajuntament**. Dauer: 2 Std.

ESSEN UND TRINKEN

Koldo Royo   ▸ S. 140, westl. A 3

Sterngekrönte Spezialitäten • Der Baske, Namensgeber des Restaurants, ist zurzeit der wohl bekannteste Küchenchef Mallorcas; sehr persönliche Kreationen und eine der besten Weinkarten der Insel. Av. Gabriel Roco 3 • Tel. 9 71 73 24 35 • Mo–Fr 13.30–15.30 und 20.30–23 Uhr, Sa nur abends, So geschl. • €€€

Iceberg Speiseeis 🌱

Vanille war gestern • In der beliebten Eisdiele gibt es Choco-Chili-, Black-Sesam- oder Wasabi-Eis. Und das Schöne an den fantasievollen Fruchteiskreationen: Es werden keine künstlichen Aromen, sondern nur frische Früchte verwendet. Auch Farb- und Konservierungsstoffe bleiben draußen. www.iceberg-gelats.com
– C. Apuntadors 12   ▸ S. 140, B 3
– C. Palau Reial Nr. 3   ▸ S. 140, C 4

EINKAUFEN

Forn del Sant Crist   ▸ S. 140, B 3

Seit 150 Jahren werden hier »ensaimadas« (Blätterteiggebäck) gebacken, laut Volksmund die besten der Stadt. Paraires 2

SERVICE
AUSKUNFT

OIT de Mallorca   ▸ S. 140, B 3

Pl. de la Reina 2 • Tel. 9 71 17 39 90 • www.conselldemallorca.net • Mo–Fri 9–20, Sa 9–14 Uhr

Ausflüge
◎ Andratx

11 400 Einwohner

Das Landstädtchen ist von seinem Fischerhafen, der sich längst zu einem schicken Jachthafen entwickelt hat, nur 5 km entfernt – und dennoch eine ganz andere Welt. In den winkligen Gassen ist alles beim Alten geblieben. Nach wie vor bewachen zwei Gebäude den Ort: die wehrhafte Pfarrkirche **Santa Maria** aus dem 13. Jh., von deren Vorplatz man eine wunderbare Aussicht genießt, und das Landgut **Son Mas**, ursprünglich eine maurische Festung und seit 1998 Rathaus von Andratx. 35 km westl. von Palma

◎ Atelier Joan Miró

»Wenn ich nicht mehr bin, sollen die Ateliers erhalten bleiben«, verfügte Miró vor seinem Tod im Dezember 1983. Und so kann der Besucher nun auch den Arbeitsplatz und einige unvollendete Werke betrachten, als sei der Meister der Moderne nur kurz außer Haus gegangen.
C. Major, C. Joan de Saridakis 29 • Di–Sa 10–19, So 10–15 Uhr • Eintritt 8 €, Kinder frei
7 km südwestl. von Palma

◎ Valldemossa

1950 Einwohner

»Es ist der schönste Ort, den ich je bewohnt habe«, schwärmt die französische Schriftstellerin George Sand in ihrem Mallorca-Buch. Viele Besucher, die sich dem Häusergewirr der Kleinstadt am Fuße des 1062 m hohen **Teix** nähern, werden ihr zustimmen. Es sind nicht gerade wenige, die an schönen Sommertagen mit Reisebussen und Autos angereist kommen, und die meisten wollen das Kartäuserkloster besichtigen, in dem George Sand und Frédéric Chopin den Winter 1838/1839 verbrachten.
25 km nördl. von Palma

SEHENSWERTES/MUSEEN

Cartoixa (Kartause)

Auch königliche Kartause genannt, denn die Anlage besteht aus der Kirche, dem angebauten Kloster und dem Palast des Königs Sanxo. Hier lebten die Kartäusermönche in der Zeit von 1399, als Martí der Gütige ihnen den Besitz vermachte, bis 1835, als alle Klöster enteignet wurden. Natürlich richtet sich das Hauptaugenmerk der Besucher auf jene Zellen, in denen das berühmte

MERIAN-Tipp   2

MIT DEM »ROTEN BLITZ« NACH SÓLLER   ▶ S. 141, nördl. F 1

An vergangene Zeiten erinnert schon der Bahnhof an der Plaça Espanya in Palma. Das Stationsgebäude aus Naturstein hat grüne Fensterläden, und den Bahnsteig überspannt der schmiedeeiserne Schriftzug »Ferrocarril de Sóller«. 1912 wurde diese Linie in Betrieb genommen. Mit viel Getute rattert der Zug durch Palmas Vororte, durchquert Getreidefelder und Baumkulturen. Über Hochbrücken und zeitweise im Kriechtempo nähert sich der »Rote Blitz« der Serra d'Alfàbia, die sich schroff und steil wie eine Wand vor den Gleisen erhebt. Es wird dunkel, es wird hell – der erste Tunnel ist durchfahren, zwölf weitere folgen. Die Zeit am Mirador del Pujol des Banya reicht für Fotos und einen ausgedehnten Blick auf die roten Dächer von Sóller. Pfeifen, Anruckeln, abwärts geht es. Der Zug läuft in den schmucken Bahnhof in Sóller ein. Hier lohnt sich ein Abstecher zu Fabrica de Gelats: Das Eis und der frische Orangensaft sind hervorragend (Plaça des Mercat).
Auszug der Abfahrtszeiten von Palma: 8.00, 10.50, 12.15, 15.10 Uhr; von Sóller: 9.10, 12.15, 14.00, 18.30 Uhr

Paar Sand/Chopin drei Jahre später Unterkunft fand.
Pl. de Cartoixa • www.valldemossa. com • Mo–Sa 9.30–18, So 10–13 Uhr • Eintritt 8,50 €, Kinder frei

Im Fokus

Die Häfen am Mittelmeer

Häfen wie Messina, Syrakus, Valletta, Neapel und Barcelona blicken auf eine lange Geschichte zurück.

Als ältester Hafen am Mittelmeer gilt der Anlegeplatz der Kykladeninsel Delos aus dem 8. Jh. v. Chr. Noch deutlich lassen sich eine Kiesschüttung für den Kai und eine Steinschüttung für die Mole zum Schutz gegen die Stürme erkennen. Erst die Phönizier begannen, für die Hafenanlagen (und zugehörige Befestigungen) den Quaderbau zu verwenden.

Zu den größten Hafenanlagen der Antike gehörte das sizilianische Syrakus, das im 8. Jh. v. Chr. von griechischen Siedlern gegründet wurde. Auch heute besitzt das auf einer Insel gelegene Syrakus noch einen bedeutenden Hafen. Die Römer übernahmen den griechischen Hafenbau vermutlich aus Sizilien. Unter Kaiser Claudius wurde Ostia, die antike Hafenstadt bei Rom, zum modernsten Anlegeplatz des Imperiums ausgebaut. Die großen römischen Häfen verfügten über Molen mit Leuchtturm, Kai, Ladekränen, Werften, Lagerschuppen und Hafenbüros.

Stretto di Messina

In Süditalien konnten sich die Seefahrer an den Vulkanen orientieren. Der Etna überragt den Hafenort Taormina um 3350 m. Kreuzfahrtschiffe legen jedoch in Messina an der nordöstlichen Spitze Siziliens an. Über die 400 m breite Hafeneinfahrt von Messina wacht eine vergoldete Madonna

◄ Ritterliche Festung und moderner Umschlagplatz: Vallettas Hafen (► S. 99).

auf einer 60 m hohen Säule, die auf einem Festungsturm errichtet wurde. Der sichelförmige Naturhafen, dem Messina im Altertum den Namen Zankle (Sichel) verdankte, liegt am Stretto di Messina, der Meerenge von Messina, die im Norden bei der Einfahrt aus dem Tyrrhenischen Meer zwischen Punta del Faro und Punta Pezzo nur 3200 m breit ist.

Hafen von Neapel

Zwischen den Inseln Ischia und Procida auf der Backbord- und Capri auf der Steuerbordseite laufen die Kreuzfahrtschiffe in die Bucht von Neapel ein. Hier herrscht reger Schiffsverkehr, »traghetti« (Fähren), »aliscafi« (Tragflügelboote) und »navi veloci« (Schnellboote) verkehren von der Millionenstadt Neapel aus nicht nur nach Ischia, Procida und Capri, sondern auch nach Sorrent und zur Amalfiküste (www.traghettionline.net). Autofähren verbinden Neapel mit der sizilianischen Hafenstadt Palermo und mit Cagliari auf Sardinien.

Als höchste Erhebung Capris ragt der Sonnenberg, der Monte Solaro, 589 m auf. Der Vesuv, den man geradeaus vor sich hat, ist mit 1281 m etwa doppelt so hoch. Die Kreuzfahrtschiffe machen in Neapel an den Kais der Stazione Marittima fest, ein imposanter Prachtbau aus der Mussolini-Ära. Zwischen Stazione Marittima und dem Molo San Vincenzo legen die Fähren nach Capri ab.

Maltas Hafen Valletta

Die Kreuzfahrer befestigten den maltesischen Hafen Valletta so weit, dass er sich praktisch nicht einnehmen ließ. Ohnehin kam Hafenbefestigungen ein sehr hoher Stellenwert zu. In Tanger und Algier unterhielten die Freibeuter bis ins frühe 19. Jh. Befestigungen. Hafenstädte wurden überfallen, Schiffe aufgebracht und Besatzung und Passagiere in die Sklaverei verschleppt. In Valletta laufen die Kreuzfahrtschiffe zwischen dem St. Elmo Lighthouse und Fort Ricasoli in den Hafen ein und machen an den Pinto Wharves an der Nordwestseite des Hafenbeckens fest. Von dort aus lässt sich die Stadt problemlos zu Fuß, mit der Kutsche – die romantische Alternative – oder dem Taxi erkunden.

Prunkhafen Barcelona

Einer der schönsten Häfen am Mittelmeer ist der von Barcelona. Weithin sichtbar ist die Kolumbus-Säule von 1888, das Monument Colom, das nur einen Steinwurf von der Estació Maríttima an der Moll (Mole) de Barcelona, an der die Kreuzfahrtschiffe festmachen, entfernt liegt. Zu sehen sind auch die Seilbahn (Transporador Aeri), die über das Hafenbecken hinwegschwebt, und die geschwungene Fußgängerbrücke (Rambla de Mar), die von der Kolumbus-Säule zum Freizeitgelände Moll d'Espanya und dem Aquarium führt.

Die Häfen im Netz

Sämtliche Mittelmeerhäfen werden auf der Homepage www.medcruise. com vorgestellt, leider nur auf Englisch. Die Seite ist mit einer Geräuschkulisse unterlegt: Möwenkreischen und Brandungsrauschen, um die Hafenstimmung nicht nur optisch, sondern auch akustisch zu vermitteln. Spezielle Website zu Messina: www. porto.messina.it, Valetta: www.mma. gov.mt und Barcelona: www.apb.es

Frankreich Lebensart à la française vor malerischer Kulisse bieten die Hafenstädte entlang der französischen Küste, wild-romantische Landschaft und herrliche Sandstrände gibt es auf »Corse«, der Insel Korsika.

◀ Savoir-vivre – wo ließe sich das Leben besser genießen als in einem der Straßencafés in Aix-en-Provence (▶ S. 55)?

Leben wie Gott in Frankreich! Hier können Gourmets und Genießer sich von Aromen, Düften und Farben verführen lassen: schwarze Oliven, exquisiter Trüffel, Lavendel oder die Kräuter der Provence verfeinern nicht nur mediterrane Fischgerichte, sondern verleihen der malerischen Kulisse sogar eine romantische Note …

Marseille

820 900 Einwohner

Eine Hafenstadt mit einem legendär schlechten Ruf? Das ist längst vorbei. Mit Milliardenaufwand wird bis 2012 das Projekt **Euroméditerranée** verwirklicht, ein 310 ha großes Dreieck vom Hafen bis zum Bahnhof wird verschönert, damit es den Ansprüchen des 21. Jh. für einen »Leuchtturm am Mittelmeer« genügt. Hotels, Büroräume, Parks und Geschäfte entstehen, Filmgelände und Hafenterrassen, und schon heute lässt sich hinter den Docks besichtigen, wo die jungen Kreativen sich heimisch fühlen.

HAFEN

Die Kreuzfahrtschiffe legen in Marseille an zwei Piers nördlich des Vieux Port an. Der Shuttle zum Vieux Port kostet 5 €, die Fahrt mit dem Taxi ca. 14 €.

SEHENSWERTES
Corniche Kennedy

Das schönste und eleganteste Stück der Stadt mit einer 3 km langen Promenade wurde nach der Revolution 1848 gebaut.

Parc Borély

Die Grünanlage um ein Schloss aus dem 18. Jh., mit See und **Botanischem Garten**, liegt nahe am Strand.
Av. du Prado • Bus 19, 44, 83 (Borély) • tgl. 8–21 Uhr • Eintritt (Botan. Garten) 3 €

MUSEEN
Musée d'Art contemporain

Auf 4000 qm zeitgenössische Kunst: von Neuen Realisten wie Tinguely über Rauschenberg bis zur Arte povera, außerdem Filme und Videos.
69, av. d'Haïfa • Métro: Rond-Points du Prado • www.lesartistes contemporains.com/macmarseille. html • Di–So 10–17 Uhr • Eintritt 3 €

Musée Cantini

Sammlung mit moderner und zeitgenössischer Kunst: Fauves, Surrealisten, Kubisten, dazu Fayencen aus Marseille und Moustiers.
19, rue de Grignan • Métro: Estrangin-Préfecture • Juli–Aug. Di–So 11–18, Sept.–Juni 10–17 Uhr • Eintritt 3 €

SPAZIERGANG

Vom **Vieux Port** kommt man auf der linken Hafenseite, dem Quai de Rive-Neuve, schnell in die Fußgängerzone um das Carré Thiars mit italienischem Flair und zum Cours Honoré-d'Estienne-d'Orves, in den Achtzigerjahren des 20. Jh. über einem Parkhaus entstanden. An der Oper vorbei, einem Art-déco-Bau der frühen Zwanzigerjahre, erreicht man die **Canebière**, die einstige Prachtstraße. Wer es schafft, die Straße in Höhe **Cours Belsunce** trotz des nicht abreißenden Autostroms zu überqueren, glaubt sich plötzlich in einer anderen Welt.

Der Bauch von Marseille verströmt Düfte wie die Souks von Marrakesch. **Noialles** heißt das Viertel, das bis zur Place du Marché-des-Capucins reicht und dessen Hauptachse, die Rue d'Aubagne, ein immerwährender Markt zu sein scheint.

Zur Aperitifzeit und danach ist **La Plaine** angesagt, das Viertel, das sich von der Place Jean-Jaurès südöstlich der Canebière bis zum Cours Lieutaud erstreckt, allabendlich Ziel von Musik- und Theaterfreunden.

Stadtspaziergänger wenden sich wieder dem Vieux Port zu, sehen im **Jardin des Vestiges** Reste der römischen Hafens und Bollwerke, die bei Ausgrabungen in der nahen Rue Barbusse zutage traten, und folgen dem Quai du Port bis zum barocken Rathaus. Im ältesten Viertel Marseilles, im »korsischen Dorf« **Panier**, das früher eine Fischersiedlung war, muss man unzählige Stufen hinaufsteigen zur **Vieille Charité** aus dem 17. Jh. – ein von Pierre Puget gebautes Armenhaus, das heute, nach behutsamer Restaurierung, Ausstellungen beherbergt. Wer auf die **Place de la Joliette** hinunterblickt, wo auf 2 ha Land aus den alten Docks ein neues Nobelviertel gewachsen ist, fühlt sich an die Entwicklung der Speicherstädte in London und Hamburg erinnert. Gegenüber, auf der anderen Seite des Vieux Port, sieht man auf dem Berg die Basilika **Notre-Dame-de-la-Garde**, wo die goldene Mutter Gottes gleichsam über der Stadt schwebt. Zwei Forts, das **Fort Saint-Jean** und das **Fort Saint-Nicolas**, scheinen nach wie vor die Hafeneinfahrt zu schützen, und ganz nah vor der Stadt liegen die Inseln, eine mit dem Château d'If, dem im 16. Jh. errichteten Staatsgefängnis.

Dauer: ca. 3 Std.

Vor der Kulisse des Doms und des Papstpalastes in Avignon (▶ S. 55) lässt sich perfekt ein Kaffee schlürfen und das Flair der geschichtsträchtigen Stadt erspüren.

ESSEN UND TRINKEN
Chez Fonfon
Berühmt • Fonfon bietet einen wunderbaren Blick und exklusives Essen, etwa Fisch in Tonkruste gegart.
140, Vallon-des-Auffes • Tel. 04 91 52 14 38 • www.chez-fonfon.com • So, Mo geschl. • €€€€

Chez Toinou
Marseiller Institution • Kleines Lokal mit 40 Tischen. Ausschließlich Meeresfrüchte werden hier serviert.
5, cours Saint-Louis • Tel. 04 91 33 14 94 • www.toinou.com • €€€

EINKAUFEN
Chez Bataille
Ein wahres Feinkostgeschäft regionaler Produkte – und ein Eckchen zum Kosten existiert auch.
16–18, rue Fontange

La Compagnie de Provence 🌿
Marseiller Seife ist ein reines Naturprodukt aus Oliven-, Palm- und Kopraöl und enthält weder Farbstoffe noch andere künstliche Zusätze. Im Flagshipstore wird sie z. B. als traditionelles Seifenstück angeboten.
18, rue Francis Davso • www.compagniedeprovence.com

SERVICE
AUSKUNFT
Office de Tourisme
4, la Canebière • Tel. 04 91 13 89 00 • www.marseille-tourisme.com

Ausflüge

◉ Aix-en-Provence
139 800 Einwohner
Aix, wie alle sagen, ist die wohl schönste Stadt der Provence. Der **Cours Mirabeau** ist die Prachtstraße unter einem Platanendach, das die Sonne filtert. Römisch elegant und zeitlos präsentieren sich die gelben Stadtvillen aus dem 17. und 18. Jh. Ein C im Pflaster führt zu den Spuren des Malers **Paul Cézanne**, der 1839 in Aix geboren wurde und 1906 hier starb. Irgendwo plätschert ein Brunnen, 101 soll es davon in der Stadt geben, die 122 v. Chr. als erste römische Siedlung in Gallien gegründet wurde. In den schmalen Altstadtgassen nördlich des Cours Mirabeau reihen sich kleine exklusive Läden, Restaurants und Cafés.
20 km nördl. von Marseille

◉ Avignon
90 800 Einwohner
Die Stadtmauer mit Türmen und Zinnen aus dem 14. Jh. erstreckt sich über insgesamt 4,8 km und umgibt die gesamte Altstadt. Übermächtig thronen **Papstpalast** und Rocher des Doms über dem Stadtrand, und die letzten vier der einst 22 Arkadenbögen der berühmten Brücke aus dem 12. Jh. spiegeln sich im Fluss. Zwischen 1309 und 1377, als sieben Päpste hier regierten, führte Kopfsteinpflaster zur Barthelasse-Insel hinüber; jetzt kann man eine Fähre nehmen. Vier Päpste haben den Palast gebaut und das unbedeutende Avignon in den Blickpunkt der Öffentlichkeit gerückt. Zentrum der Stadt ist die **Place de l'Horloge**, auf der sich vor Restaurants und Cafés ein altertümliches Kinderkarussell dreht. Aus den Nebenstraßen der Fußgängerzone weicht mit Geschäftsschluss das Leben. Dann wird es in der Rue des Teinturiers gemütlich, wo sich mit kleinen Läden, Weinhandlungen und Restaurants ein Szeneviertel entwickelt hat.
80 km nördl. von Marseille

Nizza

346 000 Einwohner

Nizza im Herzen der Côte d'Azur bietet mehr als Sonne und schöne Strände. In der Stadt am Mittelmeer vereinen sich mediterrane Lebenslust und nobles Ambiente auf unvergleichliche Weise – am besten lässt sich dies beim Bummel über die berühmte Promenade des Anglais erleben. Und auch Kunstfreunde kommen nicht zu kurz, 19 Museen und Galerien erwarten sie, und an der Place Masséna betritt der Besucher ein einzigartiges Freilichtmuseum: 15 internationale Künstler haben mit ihren Werken die 8,7 km lange Strecke in Szene gesetzt, neue Plätze und Fußgängerinseln wurden geschaffen. Noch gibt es viele Baustellen – möchte Nizza doch 2013 Europäische Kulturhauptstadt werden.

HAFEN

Der Hafen liegt im Osten der Stadt, die Altstadt ist zu Fuß erreichbar. Größere Schiffe gehen etwa 5 km östlich vor Villefranche-sur-Mer vor Anker, die Passagiere werden mit dem Tenderboot an Land gebracht. Von dort verkehren Busse oder die Bahn nach Nizza.

SEHENSWERTES

Cathédrale Orthodoxe Russe St-Nicolas

Ein Stückchen Russland in Nizza: Kaiserin Maria Feodorowna, Witwe Zar Alexanders III., ließ 1903 dort, wo ihr ältester Sohn 1863 gestorben war, im Park der Villa Bermond, die schönste orthodoxe Kirche außerhalb Russlands erbauen.

Av. Nicolas II. • im Sommer Di–So 9–12 und 14.30–18, im Winter 9.30–12.30 und 14.30–17 Uhr

Cours Saleya 🍴👥

Wer hier nicht war, auf der Promenade des Ancien Régime in der Altstadt, war nicht in Nizza. Hier trifft man sich im Café oder Restaurant, bummelt über den Blumenmarkt und den Markt, montags über den Flohmarkt. Von hier aus streift man durch die Altstadtgassen mit Kirchen und Palästen.

MUSEEN

Musée d'Art Moderne et d'Art Contemporain (MAMAC)

Als man in Europa begann, zeitgenössische Kunst auszustellen, hatte Nizza ein leichtes Spiel. Von den Impressionisten bis zu den Fluxuskünstlern hatten die meisten im Süden gelebt. So zeigt die Kunstburg aus Carrara-Marmor (der Architekt war Yves Bayard) neben Wechselausstellungen die neue Nizzaer Schule und Pop Art.

Promenade des Arts • www.mamac-nice.org • Di–So 10–18 Uhr • Eintritt frei

Musée Matisse

Das Museum, untergebracht in einem rostroten Haus aus dem 18. Jh., zeigt Werke aus allen Schaffensperioden des berühmten Malers, der 1917 nach Nizza zog – 68 Bilder und fast sein gesamtes plastisches Werk.

164, av. des Arènes-de-Cimiez • www.musee-matisse-nice.org • Mi–Mo 10–18 Uhr • Eintritt frei

Musée National Message Biblique – Marc Chagall

Den »Traum der ganzen Menschheit« sah der Exilrusse Chagall (1887–1985) in der Bibel. 17 Monumentalgemälde des Zyklus »Les Messages Bibliques« sind in einem licht-

Farbenfrohes Herzstück Nizzas: Auf dem Cours Saleya (▶ S. 56) trifft man sich im Café, verweilt an idyllischen Marktständen oder streift durch die Gassen der Altstadt.

durchfluteten Gebäude ausgestellt, das André Hermant 1972 eigens dafür entworfen hat.

Av. du Docteur Ménard • www.musee-chagall.fr • Mai–Okt. Mi–Mo 10–18, Nov.–April Mi–Mo 10–17 Uhr • Eintritt 7,50 €, Kinder 5,50 €

SPAZIERGANG

Wo sollte man einen Nizza-Rundgang beginnen, wenn nicht an der **Promenade des Anglais**, wo Angestellte auf den blauen Stühlen die Mittagspause nutzen und Urlauber wie seit mehr als 100 Jahren promenieren. Jenseits der sechsspurigen Straße reihen sich Nobelbauten wie das berühmte **Hotel Negresco** aus dem Jahr 1912 und architektonische Belanglosigkeiten aneinander. Das schöne Art-déco-**Palais de la Méditerranée**, 1929 als Casino eröffnet, gehört heute zu den äußerst noblen »Leading Hotels of the World«.

Im **Jardin Albert I.** sitzen die Schattensucher. Auf der anderen Straßenseite fährt ein Aufzug zum **Parc du Château** mit gutem Rundblick. Man erkennt Mont Boron und Hafen, Alt- und Neustadt und ganz im Westen den Flughafen. Historischer Boden liegt unter den Füßen. Griechische Phokäer ließen sich im 4. oder 5. Jh. v. Chr. hier nieder. Vom 12. Jh. an entstand unten als Neustadt die heutige Altstadt. Auf dem **Friedhof** am Parkende liegt auch der wohl berühmteste Niçois, **Giuseppe Garibaldi** (1807–1882), begraben. Über die Allée François-Aragon gelangt man hinab in die Altstadt (Montée du Château).

Fast an der Kreuzung Rue Rossetti/Rue Droite liegt die Jesuitenkirche **St-Jacques** (1607–1650), Il Gèsu in Rom nachgebaut und auch Église du Gésu genannt. Jenseits der Kreuzung befinden sich das **Palais Lascaris**

(Nr. 15), im Genueser Barock (Mitte des 17. Jh.), an der Place Rossetti die **Kathedrale der hl. Reparata**, im 17. Jh. einer Märtyrerin geweiht, südlich die Präfektur, einst Schloss der Herzöge von Savoyen (18. Jh.), daneben der Justizpalast. Im rechten Winkel schließt sich Nizzas schönste Kirche an, die **Chapelle de la Miséricorde** in prächtigstem Barock hinter schlichter Fassade. Von der Place Pierre-Gauthier gelangt man auf den **Cours Saleya**, berühmter Blumenmarkt (außer Mo) und abendlicher Treffpunkt.
Dauer: 2 Std.

ESSEN UND TRINKEN

Terre de Truffes

Trüffelparadies • Unbestrittene Königin des Bistros ist die Trüffel, die man auch, zu hervorragenden Produkten verarbeitet, als Souvenir mit nach Hause nehmen kann.

11, rue Saint-François-de-Paule • Tel. 04 93 62 07 68 • www.terresde truffes.com • So geschl. • €€€

Cantine Bio 🌿

Stylish und gesund • Edles Selbstbedienungsrestaurant mit Biogerichten, im HI Hotel gelegen. Von der Lounge des Hotels hat man einen herrlichen Blick über die Stadt.
3, av. des fleurs • Tel. 04 97 07 26 50 • www.hi-hotel.net • tgl. 7–1 Uhr • €€

EINKAUFEN

Nizzas Shoppingzentrum liegt zwischen Rue Paradis, Avenue de Suède und Avenue de Verdun.

Alziari

Man kann das Olivenöl, das aus einer familieneigenen Mühle am Nordwestrand Nizzas kommt, in schönen bunten Kanistern mit nach Hause nehmen. Die Tapenade (das

Inspiriert von den Farben der Côte d'Azur, der Gassen und Märkte Nizzas schuf Matisse Meisterwerke wie »Fleurs et Fruits«, ausgestellt im Musée Matisse (▶ S. 56).

Olivenpüree, das gut auf Weißbrot und Tomaten schmeckt) wird noch eine Weile an die Ferien erinnern.
14, rue St-François-de-Paule

Auer

Die Patisserie ist eine Legende, sowohl was die Dekoration als auch die Süßwaren betrifft.
7, rue St-François-de-Paule

SERVICE
AUSKUNFT
Comité Régional du Tourisme Riviera-Côte d'Azur

5, promenade des Anglais • Tel. 08 92 70 74 07 • www.nicetourisme.com, www.nicetourisme.biz

KORSIKA

Großartige Badebuchten, wilde Steilküste, malerische Orte und eine lebendige Hauptstadt: Korsika bietet eine unglaubliche Vielfalt auf engstem Raum. Beliebte Badestützpunkte sind Calvi mit pittoresker Altstadt und Zitadelle und die Hafenstadt Ajaccio im Süden der Insel.

Ajaccio

58 000 Einwohner

Der zweitgrößte Hafen der Insel liegt am nördlichen Ende des gleichnamigen Golfes – großzügig mit schönen Alleen und Boulevards, schattigen und weiten Plätzen, farbenprächtigen Märkten und lauten, lebendigen Einkaufsstraßen mit eleganten Boutiquen. Die Stadt wurde von den Römern gegründet (lat. Adiacium), das heutige Saint-Jean-Viertel (Festung) war Ende der römischen Kaiserzeit eine blühende Siedlung, die im 10. Jh. von den Sarazenen zer-

stört wurde. 1768 verkaufte Genua, vom Widerstand der Korsen zermürbt, die Insel an Frankreich. Ein Jahr später wurde Napoleon im »französischen« Ajaccio geboren. Seine Heimatstadt verehrt ihn auf Straßen und Plätzen, in Häusern und Denkmälern. Während der Revolution avancierte Ajaccio 1793 zum Verwaltungszentrum des Départements Liamone und wurde 1811 zur Hauptstadt der Insel.

HAFEN

Der Hafen liegt sehr zentral, größere Schiffe liegen auf der Reede.

SEHENSWERTES
Chapelle Impériale

1857 von Napoleon III. als kaiserliche Grabkapelle bestimmt. In der Gruft befinden sich die Sarkophage von sieben Mitgliedern des Clans.
Rue Fesch, Eingang über Musée Fesch

Notre-Dame-de-la-Miséricorde

Die auch La Madunuccia genannte Kathedrale wurde ab 1852 in Form eines griechischen Doppelkreuzes errichtet. In der schlichten Kathedrale wurde Napoleon am 21. Juli 1771 getauft.
Pl. Diamant

Place d'Austerlitz

Den Platz ziert ein Standbild Napoleons mit Mantel und Zweispitz – eine Replik der Statue steht im Ehrenhof des Invalidendoms in Paris.

Saint-Erasme

In dieser 1617 von den Jesuiten errichteten Kapelle weihte der »Rat der Alten« 1657 seine Stadt, um die Bewohner vor der Pest zu bewahren.
Rue Forcioli-Conti

Saint-Jean-Baptiste

In der Kapelle der Bruderschaft Johannes (1581) fasziniert der »cristo moro«; das Kruzifix aus Birnbaumholz soll aus der frühchristlichen Kathedrale von Ajaccio aus dem Stadtteil Castel Vecchio stammen.
Rue du Roi-de-Rome

MUSEEN

Maison Bonaparte

Vor dem schlichten Gebäude (18. Jh.) steht eine Kinderbüste des Königs von Rom, Napoleon II. (des Sohns Napoleons), geschaffen von E. J. Vezien (1936). Im ersten Stock befindet sich das Geburtszimmer Napoleons I. In den übrigen Stockwerken sind Dokumente und Bildnisse der Familie ausgestellt.
Rue Saint-Charles/rue Letizia • www.musee-maisonbonaparte.fr • Okt.–März Di–So 10–12 und 14–16.45, April–Sept. Di–So 9–12 und 14–18 Uhr • Eintritt 5 €, Kinder frei

---

MERIAN-Tipp **3**

BOOTSAUSFLUG: ÎLES SANGUINAIRES

Die vier »Blutinseln« mit ihren einzigartigen, oft blutrot flammenden Sonnenuntergängen an der nördlichen Golfküste sind der beliebteste Ausflugsort der Ajacciens und mit dem Boot leicht zu erreichen. Ein ergreifend schönes Naturschauspiel, das Sie sich nicht entgehen lassen sollten! Bootstouren sind zu buchen bei: Nave va: Tel. 04 95 21 83 97 (Stadtbüro) oder 04 95 51 31 31 (Hafenbüro) • Abfahrt tgl. 15, zurück 18 Uhr • www.naveva.com

---

Musée Fesch

Das Museum zeigt über 1200 Gemälde italienischer Meister (von der Schule Giottos bis zum 18. Jh.). Im linken Flügel des Baus ist die Bibliothek Fesch untergebracht – aus Klöstern und Adelshäusern zusammengetragen von Kardinal Josef Fesch (1763–1839), Stiefbruder von Letizia, Napoleons Mutter.
50, rue Fesch • www.musee-fesch.com • Okt.–April Mo, Mi, Sa 10–17, Di, Fr, So 12–17, Mai–Sept. Mo, Mi, Sa 10.30–18, Di, Fr, So 12–18 Uhr • Eintritt 8 €

Salon Napoléonien

In einem prunkvollen Saal des Rathauses sind Geburtsurkunde und Totenmaske Napoleons, Münzen, Skulpturen und Gemälde der kaiserlichen Familie ausgestellt.
Hôtel de Ville, Pl. Foch • Mo–Fr 9–11.45 und 14–17.45 Uhr • Eintritt 2,30 €, Kinder frei

SPAZIERGANG

Überall Napoleon, ein Napoleon in Blickweite des anderen: Auf der winzigen **Place Letizia** steht die Büste des »Roi de Rome«, Sohn Napoleons und Marie Louises von Österreich. An Napoleons Vater erinnert das bescheidene Geburtshaus in der **Rue Saint-Charles**, Ecke Rue Letizia, in dem der spätere Kaiser am 15. August 1769 das Licht der Welt erblickte. An der **Place Foch**, Ecke Avenue Antoine Sérafini, gedenkt man in der heutigen Bürgermeisterei seines Bruders Jérôme, des Königs von Westfalen. Von der Place Foch geht es zur Geschäftsstraße **Rue du Cardinal Fesch**, der Hauptstraße des stimmungsvollen alten Hafenviertels Borgo, wo eine Tafel an dem

Beliebtes Ausflugsziel im Golf von Ajaccio: Die Îles Sanguinaires (▶ MERIAN-Tipp, S. 60), vier kleine, unbewohnte Eilande, befinden sich an der Nordspitze des Golfs.

Haus Nr. 28 daran erinnert, dass der Bürgermeister von Ajaccio im Mai 1793 Napoleon drei Tage verbarg und dann in die Provence bringen ließ. Am Ende der Rue Fesch liegt die Chapelle Impériale mit den Sarkophagen der kaiserlichen Familie. Dauer: ca. 1 Std.

ESSEN UND TRINKEN

Restaurant Le 20123

Außergewöhnlich • Das interessante Ambiente vermittelt den Eindruck, in einer Altstadtgasse zu sitzen. Die Küche überzeugt durch Gerichte, die mit frischen Produkten des Landes zubereitet werden.
2, rue du Roi-de-Rome • Tel. 04 95 21 50 05 • www.20123.fr • Mo geschl. • €€€

Bistrot d'à Côté

Mediterrane Küche • Das Restaurant liegt etwas versteckt in der Altstadt und ist bekannt für seine hervorragenden Fischspezialitäten.
3, rue Pozzo di Borgo • Tel. 04 95 23 35 71 • €€

Restaurant de France

Beste Adresse der Stadt • Regionale Küche mit sehr gutem Preis-Leistungs-Verhältnis.

58, rue Fesch • Tel. 04 95 21 11 00 • So geschl. • €€

EINKAUFEN
L'Atelier du Couteau

Hier sind alle Messer Unikate und bei Sammlern sehr beliebt.

2, rue Bonaparte

SERVICE
AUSKUNFT
Office du Tourisme

3, bd. Roi Jérôme • Tel. 04 95 51 53 03 • Nov.–März tgl. 8–12.30 und 14–18, Juli–Aug. tgl. 8–20.30, Sept./Okt., April–Juni tgl. 8–19 Uhr

Ausflüge

◎ **Bonifacio**

2800 Einwohner

Bonifacio besteht aus zwei Teilen: der **Marina** (Hafengegend) und dem **Borgo Genovese**, dem Genuesenviertel zwischen den Festungsanlagen. Gegründet wurde die Stadt 828 von dem Toskaner Bonifacio zur Abwehr der Sarazenen. 1195 eroberten die Genuesen die Stadt, deportierten die Einwohner und siedelten Ligurer an. 1420 beanspruchte Alfons V. von Aragon die Insel, 1528 dezimierte die Pest die Stadtbevölkerung. In den folgenden Jahrhunderten wechselte Bonifacio mehrfach den Besitzer. 1793 befehligte Napoleon als junger Offizier die Besatzung der Festung. Heute haben die Eroberer des 21. Jh. – Feriengäste, Segel- und Motorbootbesitzer – die Stadt eingenommen: Sie ist eines der teuersten und beliebtesten Zentren der Insel.

130 km südl. von Ajaccio

SEHENSWERTES
Altstadt

An den verfallenen, vier- bis fünfstöckigen Häusern der Altstadt überraschen an den schmalen Fassaden seltsame, die Gassen überspannende Strebebögen, die einst Teil eines Zisternensystems waren. Von der steinernen Brüstung der **Belvédère de la Manichella** hat man einen herrlichen Blick auf das Meer.

Escalier du Roi d'Aragon

Genau 187 Stufen, vom Meer zerfressen und von den Besuchern ausgetreten, führen vom Meer in die Oberstadt. Die »Treppen des Königs von Aragon« ließ Alfons V. von Aragon 1420 in einer Nacht in den weißen Steilfelsen schlagen, um die Belagerer zu überrumpeln. Vergeblich.

Pl. Castello (an der Seebrüstung) • Juli/Aug. tgl. 9–20, Sept.–Juni 11–17.30 Uhr (außer bei Regenwetter) • Eintritt 2,50 €

Îles Lavezzi

Ein Ausflug zu den »polierten Steinbergen« im Meer ist ein touristisches Muss: Wie Steinhaufen mitten im Meer, von den Winterstürmen poliert und rund geschliffen – so sehen die Îles Lavezzi aus.

Saint-Dominique

Die Kirche auf dem Areal der **Zitadelle** ist eine pisanische Gründung (Ende 12. Jh.) und gilt als wichtigstes gotisches Bauwerk der Insel.

Im Winter geschl. • Eintritt 2,50 €

◎ **Corte**

5500 Einwohner

Bei einer Fahrt durch das Inselinnere trifft man immer wieder auf ursprüngliche Dörfer. Corte ist eines davon, das mit der historischen Eisenbahn auch ohne eigenes Fahrzeug bequem erreichbar ist.

80 km nordöstl. von Ajaccio

SPAZIERGANG

Ausgangspunkt ist das **Palais National** aus genuesischer Zeit. Wenige Schritte entfernt liegt die **Place Gaffori** mit dem Haus des korsischen Freiheitskämpfers Gianpietro Gaffori. An der Südseite erhebt sich der Glockenturm der **Église de l'Annonciation**. Vorbei am Palais National führt der Weg zur **Citadelle**.

Dauer: 1 Std.

◎ Sartène

3200 Einwohner

Die terrassenförmig steil ansteigende, auf dem 305 m hohen Sporn des Monte Rosso liegende Stadt wurde von Prosper Merimée als »die korsischste Stadt Korsikas« bezeichnet, in der sich Brauchtum und Tradition weitgehend erhalten haben.

80 km südl. von Ajaccio

SPAZIERGANG

Von der **Place de la Libération**, der ehemaligen Place Porta, durch den Torbogen des ehemaligen genuesischen Gouverneurpalastes kommt man in die Altstadt. Das Viertel Santa Anna mit einem Ecktürmchen (Echauguette) aus dem 12. Jh. ist der letzte Rest der ehemaligen Stadtmauer. Zur Altstadt gehören die Viertel **Pitraghju** und **Manighedda**. Zu den schönsten Gassen und Plätzen zählen die Rue Caramama, die Rue des Voûtes mit ihren zahlreichen Gewölbebögen, die Rue des Frères Bartoli mit ihren engen, überwölbten Treppen, die Place Maggiore, die Passage de Bradi und die Place Angelo Maria Chiappe.

Dauer: ca. 45 Min.

Schmale Gassen, gesäumt von festungsartigen Häusern, düstere Höfe, überwölbte Bögen: In der Altstadt Sartènes (▸ S. 63) fühlt man sich ins Mittelalter zurückversetzt.

Monaco Das kleine Fürstentum präsentiert sich als weltläufiger Stadtstaat. Hier treffen sich die Reichen und die Schönen, die Stars und die Sternchen, entweder im Casino oder bei der jährlich stattfindenden Formel 1.

◄ Das Casino (▶ S. 65) in Monte Carlo, dem glamourösen Stadtteil von Monaco, ist eine weltberühmte Spielbank.

Monaco

32 000 Einwohner
Stadtplan ▶ S. 142/143

Nur sechs Hubschrauberminuten oder 18 km von Nizza entfernt beginnt eine andere Welt. Das fürstliche Leben im zweitkleinsten europäischen Staat (nach dem Vatikanstaat) spielt sich jedoch meist hinter verschlossenen Türen ab. Seit 1861 ist das Fürstentum Monaco souverän, gab dafür Menton und Roquebrune an Frankreich ab, ist als konstitutionelle Erbmonarchie dem Nachbarland jedoch in Zoll-, Währungs- und Steuerfragen verbunden. Eigene Briefmarken hat es und eine eigene Telefonvorwahl (03 77), die im Land selbst aber nicht gewählt wird. Besucher brauchen etwas Fantasie, Ausdauer und Kreditkarten, um einen Abglanz dieses auf den ersten Blick so wenig märchenhaften Steuerparadieses zu erhaschen.

HAFEN

Monacos Hafen, Port Hercule, liegt sehr zentral. Alles lässt sich von hier aus gut zu Fuß zu erreichen.

SEHENSWERTES

Casino ▶ S. 143, E/F 1

Onyxsäulen, Fresken und Skulpturen im mit Marmor ausgelegten Atrium – prunkvoll präsentiert sich das Casino. Dringt man weiter ein, wird es profan. Emsige Hausfrauen stapeln Chips neben eilig bediente Automaten, Männer starren Pferden auf Bildschirmen hinterher und haben keinen Blick für die Glasfenster, die Malereien und Bronzeleuchter.

Pl. du Casino • www.casino montecarlo.com • tgl. ab 14 Uhr • Eintritt 10 € (Einlass ab 18 Jahre)

Cathédrale ▶ S. 143, D 4

In der 1875 aus weißen Turbie-Steinen erbauten Kirche versteckt sich eines der Hauptwerke von Louis Bréa, der **Retable de St-Nicolas**. Die meisten Besucher kommen wegen der **Fürstengräber**. Rainier III und Gracia Patricia sind hier beigesetzt. 4, rue Colonel-Bellando-de-Castro • www.cathedrale.mc

Collection de Voitures Anciennes ▶ S. 142, B 4

Seine Hoheit, Fürst Rainier, sammelte: Dion Bouton 1903, Bugatti 1929, Lamborghini Countach 1986, Rolls Royce 1952. Les Terrasses de Fontvieille • www.palais.mc • tgl. 10–18 Uhr • Eintritt 6 €, Kinder 3 €

Jardin Exotique ▶ S. 142, A 4

Zwischen 7000 Euphorbien, lateinamerikanischen Kakteen, blickt man von den Felsenflanken über das Fürstentum auf das Meer. Rund 60 m tief im Gestein liegt die prähistorische Grotte des Observatoriums. Bd. du Jardin (Moyenne Corniche) • www.jardin-exotique.mc • 15. Mai– 15. Sept. tgl. 9–19, sonst bis 18 Uhr • Eintritt 7 €, Kinder 3,70 €

Monte-Carlo Story ▶ S. 143, E 3/4

»Monaco – der Film« zeigt in 35 Minuten die spannende Geschichte der Fürsten und Prinzessinnen von Monaco von 1297 bis heute. Terrasses du Parking du Chemin des Pêcheurs • Jan.–Nov. tgl. 14, 15, 16, 17, Juli, Aug. auch 18 Uhr • Eintritt 7 €, Kinder 3,50 €

Place du Palais 🏃🍴 ▸ S. 142, C 4

Pünktlich um 11.55 Uhr klicken die Kameras zur **Wachablösung**. Wer den Blick wendet, hat eine traumhafte Sicht auf Hafen, Monte Carlo und Italien, über die Kanonen Ludwigs XIV. hinweg, und hinter der Pinienpromenade zum Stadtteil Fontvielle. Ganz zierlich, kleinteilig, alt und sehr, sehr gepflegt wirkt Monaco auf dem Felsen (»Rocher«). Flattert auf dem Turm Ste-Marie des fürstlichen Palais die Flagge, ist der Fürst zugegen. Mit dem **Ehrenhof** – ca. 3 Mio. Kieselsteine wurden zu geometrischen Figuren gelegt – begann 1215 der Bau des Palastes (**Palais du Prince**) dort, wo einst die Genuesenfestung stand. Man kann die Italienische Galerie, den blau-goldenen Salon Ludwigs XIV., den mit Arabesken geschmückten Salon Mazarin und den Thronsaal von April bis Oktober besichtigen.
www.palais.mc • April tgl. 10.30–18, Mai–Sept. tgl. 9.30–18.30, Okt. tgl. 10–17.30 Uhr • Eintritt 7 €, Kinder 3,50 €

MERIAN-Tipp

CAFÉ DE PARIS ▸ S. 143, E 1

Hier muss man sitzen, denn hier sitzen alle. Vielleicht auch Boris Becker oder Jean-Paul Belmondo. Manche Gäste blicken vorher auf die Karte, es ist auch nicht teurer als anderswo, also kann man durchaus einen Kaffee bestellen. Hinter den Nobelschlitten gegenüber ist der Eingang ins weltberühmte Casino.
Monaco, Pl. du Casino, Monte Carlo • tgl. 11.30–1 Uhr

MUSEEN

Musée Océanographique 🏃🍴 ▸ S. 143, E 4

Fürst Albert I., selbst renommierter Meereswissenschaftler, weihte das Museum 1910 ein. Es besteht aus 100 000 t Gestein aus La Turbie. Die 85 m hohe Fassade überragt die Felsenküste, und Forschungslaboratorien reichen bis zum Meeresspiegel. In den imposanten Sälen sind eindrucksvolle Sammlungen, die Albert I. höchstselbst zusammengetragen hat, sowie Modelle der Forschungsschiffe zu sehen. Im Tiefgeschoss tummeln sich in 90 Becken Fische aus allen Meeren der Erde.
Av. St-Martin • www.oceano.mc • April–Juni und Sept. tgl. 9–19, Juli, Aug. 9–19.30, Okt.–März 10–18 Uhr • Eintritt 13 €, Kinder 6,50 €

ESSEN UND TRINKEN

Le Castelroc ▸ S. 142, C 4

Monegassische Küche • Beliebtes Restaurant gegenüber dem Fürstenpalais. Reservierung empfohlen.
Pl. du palais • www.restaurant-castelroc.com • Tel. 03 77 93 30 36 68 • Sa geschl. • €€€

Polpetta ▸ S. 143, D 1

Rustikale Trattoria • Hier gibt es neben hervorragenden Antipasti hausgemachte Pasta und ein traumhaftes Meeresfrüchterisotto.
6, av. de Roqueville • Tel. 03 77 93 50 67 84 • Di und Sa mittags geschl. • €€€

Quai des Artistes ▸ S. 143, D 3

Hübsche Brasserie • Am Hafen gelegen mit preisgünstigen Menüs.
2, quai Antoine 1er • www.quaidesartistes.com • Tel. 03 77 97 97 97 77 • €

EINKAUFEN

Einkaufsstraßen mit zahlreichen Läden gibt es im Hôtel Hermitage, in Monaco-Ville (▸ S. 142/143, E 3/4), in La Condamine in der Rue Grimaldi (▸ S. 142, B/C 3) und der Rue Princesse Caroline (▸ S. 142, C 3) in der Fußgängerzone.

SERVICE
AUSKUNFT
Office du Tourisme

▸ S. 143, nördl. E 1

2A, bd. des Moulins • Tel. 0 03 77 92 16 61 16 • www.visitmonaco.com

Ausflüge
◎ Èze
2700 Einwohner

Mauern aus dem 17. Jh. umgeben das winzige **Èze-Village**, das auf 427 m Höhe von einer Burgruine und einem exotischen Garten gekrönt wird. Boutiquen und Souvenirläden säumen die engen Gassen bis hinauf zum **Château Eza**, wo sich ein exzellentes Restaurant befindet (Tel. 04 93 41 12 24 €€€). Über den **Friedrich-Nietzsche-Weg** (der bekannte Philosoph soll hier 1884 den dritten Teil seines Meisterwerkes »Also sprach Zarathustra« entworfen haben) klettert man in einer guten Stunde hinunter nach **Èze-Bord-de-Mer**. 10 km westl. von Monaco

◎ Menton
30 000 Einwohner

Das bunte Städtchen zieht sich einen steilen Hang hinauf. An der Barockkirche **Saint-Michel** halten Besucher erleichtert zum Luftholen an. Kein Problem bei dem Blick: erst einmal – natürlich – das Meer, die **Promenade du Soleil**, der Hafen hinter dem **Cocteau-Museum**, ausgedehnte Sandstrände und dann, kaum zu ahnen, der wirkliche Reichtum der Stadt ohne Betonsilos: die **Gärten**, üppig und ohne Zahl. 10 km östl. von Monaco

SEHENSWERTES
Gärten

Eine Fülle wunderschöner Gärten haben im 19. Jh. begüterte Engländer in und um Menton angelegt. Vor der Besichtigung der Gartenanlagen empfiehlt sich ein Besuch bei der **Maison du Patrimoine**, (5, rue Ciapetta, Tel. 04 92 10 33 66), wo ein hervorragender Führer erhältlich ist.

Jardin Botanique Exotique du Val Rahmeh

Von Lord Radcliff, Gouverneur Maltas, am Ende des 19. Jh. in spanisch-maurischem Stil angelegt. Hier wächst das einzige Exemplar der »Sophora Toromino«, des mystischen Baumes der Osterinseln. Av. St-Jacques • April–Sept. 10– 12.30 und 15.30–18, sonst 14– 17 Uhr • Eintritt 6 €, Kinder frei

Jardin La Serre de la Madone

In diesen traumhaft verwilderten Gartenterrassen fühlt man sich wie in eine andere Zeit versetzt. 74, route de Gorbio • April–Okt. 10– 18, Dez.–März 10–17 Uhr, Führung Di und Fr 15 Uhr • Eintritt 8 €, Kinder frei

Jardin Maria Serena

Die Villa hat der Architekt der Pariser Oper, Charles Garnier, 1880 für Ferdinand Lesseps, den Konstrukteur des Suezkanals, entworfen. 21, promenade Reine-Astrid (nur mit Führung) • Di 10 Uhr • Eintritt 5 €, Kinder frei

Italien
Kunst- und Kulturstätten, die als Wiege urbaner Zivilisation gelten, köstliches Essen und südländische Lebensfreude machen das Land, wo die Zitronen blühen, zu einem der beliebtesten Urlaubsziele in Europa.

◄ Das mächtige Halbrund der Domkuppel und der hoch aufragende Campanile prägen das Stadtbild von Florenz (▸ S. 77).

Bella Italia – längst haben wir dieses zauberhafte Land in unser Herz geschlossen. Neben herrlichen Landschaften und schönen Stränden locken vor allem Überreste antiker Tempel und geschichtsträchtige Burgen und Kirchen. Dazu kommen Kunst und Kultur, das herrliche Essen und die überbordende Lebensfreude – »dolce vita« eben …

Savona

67 500 Einwohner

Aufgrund seines Naturhafens war Savona, dessen Name sich von den ligurischen Sabatern ableitet, bereits vor mehr als 2000 Jahren ein prosperierender Handelsort. Fatalerweise verbündeten sich die Sabater im Zweiten Punischen Krieg aber mit dem am Ende des Krieges unterlegenen Karthago, weswegen die Römer zur Strafe das benachbarte Vado förderten. Erst im 11. Jh. konnte sich Savona wieder aus dem Schatten Vados lösen und sich in der Folgezeit als politisch unabhängige Seemacht etablieren. Heute lebt das Städtchen von der Stahl- und Eisenindustrie und von seinem Hafen.

HAFEN

Der Hafen, Palacrociere Savona, liegt etwa 2 km außerhalb der Stadt. Die Costa Reederei hat hier ein riesiges Kreuzfahrtterminal errichtet.

SEHENSWERTES

Duomo Santa Maria Assunta

Die frühbarocke Basilika wurde gegen Ende des 16. Jh. von Battista Sormano als Ersatz für den von den Genuesern in der Oberstadt abgebrochenen Dom errichtet. Die breitgelagerte neobarocke Fassade sowie die Ausstattung des dreischiffigen Innenraums sind eine Beigabe des 19. Jh. Die wertvollsten Kunstschätze werden im **Domschatzmuseum** ausgestellt, das vom Chor aus zugänglich ist. Vom nördlichen Seitenschiff gelangt man in einen Kreuzgang, der auf ein älteres Franziskanerkonvent zurückgeht. An den Dom schließt sich auch die nur Samstag nachmittag geöffnete **Cappella Sistina** an; sie wurde von Papst Sixtus IV. als Grabkapelle für seine Eltern in Auftrag gegeben.

MUSEEN

Museo Archeologico

Das archäologische Museum gewährt einen Einblick in die bewegte Vergangenheit von Savona. Gezeigt werden Funde der Ausgrabungen auf dem Priamar-Hügel, römische Bodenmosaike und Sarkophage. Priamar, Corso Mazzini 1• www.museoarcheosavona.it • Mi–Fr 10– 12.30 und 15–17, Sa–Mo 10.30– 15 Uhr• Eintritt 2,50 €, Kinder 1,50 €

SPAZIERGANG

Ausgangspunkt des Spaziergangs ist die wuchtige **Priamar-Festung**, die alle drei Savoner Museen beherbergt. Sie ist nach dem felsigen Hügel **Pietra sul Mar** (Stein über dem Meer) benannt, auf dem sie errichtet wurde. Direkt gegenüber werden im **Mercato Coperto**, der städtischen Markthalle, jeden Morgen frisches Gemüse und Obst sowie der Fischfang der letzten Nacht feilgeboten. Vor einer weiteren Erkundung der historischen Altstadt bietet sich ein Spaziergang entlang

MERIAN-Tipp 5

BACCO

Die mit zahllosen Schiffsmodellen und anderen maritimen Utensilien eingerichtete Osteria wirkt auf den ersten Blick wie eine Touristenfalle, doch treffen sich in erster Linie Einheimische an den rot-weiß gedeckten Tischen. Eine Speisekarte gibt es nicht, dafür verkündet der urige Wirt Francesco Doberti – er war früher Seemann – mit seinem dröhnenden Bass das aktuelle Angebot. Savona, Via Quarda Superiore 17 • Tel. 01 98 33 53 50 • So geschl. • €€

dem **Corso Italia** und der **Via Paleocapa** an, zwei eleganten Flaniermeilen, gesäumt von zahlreichen Boutiquen. Nun steht ein kurzer Bummel durch die Altstadt auf dem Programm, die – bis heute noch sichtbar – von den Zerstörungen des Zweiten Weltkriegs geprägt ist. In manchen Gassen, wie in der von der Via Paleocapa abzweigenden Via Quadra Superiore, sind einige der mächtigen Geschlechtertürme erhalten, ein Großteil fiel aber den Bomben der Alliierten zum Opfer. Inmitten der Altstadt befindet sich auch der **Duomo Santa Maria Assunta**, das größte und schönste Gotteshaus der Stadt. Dauer: 2 Std.

SERVICE
AUSKUNFT
IAT
Corso Italia 157r • Tel. 01 98 40 23 21 • www.inforiviera.it

Ausflug
 Albenga
22 000 Einwohner

Eine Besichtigung von Albenga markiert zweifellos den kulturhistorischen Höhepunkt eines Aufenthalts an der Riviera di Ponente. Die Stadt ist schon von Weitem sichtbar, denn sie wird von gotischen Geschlechtertürmen überragt – steinernen Symbolen adeliger Abkunft und gesellschaftlicher Macht.
46 km südwestl. von Savona

SEHENSWERTES
Baptisterium

Das Baptisterium ist mit seinem spätantiken Mosaik das bedeutendste frühchristliche Bauwerk Liguriens. Der im Inneren oktogonale Grundriss sorgt für eine harmonische Raumwirkung; im Zentrum des Baptisteriums befindet sich das romanische Taufbecken. Von herausragender kunsthistorischer Bedeutung ist das in Blau und Gold gehaltene byzantinische Wandmosaik an einer Nische im Nordwesten der Taufkapelle: Zwölf Tauben umrahmen ein Monogramm Christi.
Via B. Ricci • Di–So 10–12.30 und 15–18 Uhr • Eintritt 3 €, Kinder 2 €

Duomo San Michele

Der heutige Dom entstand um 1270 anstelle einer frühchristlichen Basilika unter Verwendung von Teilen eines romanischen Vorgängerbaus. Das Äußere der Kathedrale begeistert durch seinen herrlich proportionierten gotischen Backsteinturm, im Inneren präsentiert sich die dreischiffige Bischofskirche als schlichter, weitgehend frühgotischer Bau, die Krypta stammt noch aus karolingischer Zeit.

Genua

620 000 Einwohner

Platz ist seit jeher knapp in Genua: Die Stadt erstreckt sich auf einem zum Meer hin abfallenden Hang. Die Straßen und Gassen sind steil, Treppen, Aufzüge und Zahnradbahnen prägen das Stadtbild, Autofahrer werden über ein ausgeklügeltes System von Brücken und Tunnels durch die Metropole geleitet. Genua besitzt einen sehr gut erhaltenen historischen Stadtkern, der 2006 von der UNESCO zum Weltkulturerbe erklärt wurde.

SEHENSWERTES

Duomo San Lorenzo

Der dem hl. Lorenz geweihte Dom ist Genuas schönstes und mit einer Länge von über 100 m auch größtes Gotteshaus. Die in weißem Marmor und schwarzem Schiefer gehaltene Fassade ist unverkennbares Merkmal für ligurische Gotteshäuser. Besonders prächtig ausgestattet ist die **Cappella di San Giovanni Battista** im linken Seitenschiff: Dort ruhen seit 1098 die von genuesischen Kaufleuten aus dem Heiligen Land mitgebrachten Reliquien Johannes des Täufers. Von der benachbarten Cybo-Kapelle gelangt man in das **Museo del Tesoro**. Das Domschatzmuseum (Mo–Sa 9.30– 11.30 und 15–17.30 Uhr) beherbergt neben zahlreichen liturgischen Gegenständen und Messgewändern auch wertvolle Reliquien.
Piazza San Lorenzo

Righi

Der am nördlichen Stadtrand von Genua gelegene, 302 m hohe Hügel ist mit der Zahnradbahn (»funicolare«) leicht zu erreichen und bietet eine sehr schöne Aussicht auf die Altstadt und den Hafen.
Abfahrt: Largo della Zecca

MUSEEN

Galata Museo del Mare ♿👪

Genua verdankte seine Macht und seinen Reichtum in erster Linie seiner stolzen Flotte. Ein Besuch des Seefahrtsmuseums ist daher Pflicht. Das Spektrum des Museums reicht vom Thema Schiffbau über die Nachbildung einer Hafengasse des 19. Jh. bis zu den Räumlichkeiten eines nostalgischen Luxusliners.
Calata De Mari • www.galatamuseo delmare.it • Di–So 10–19.30 Uhr • Eintritt 10 €, Kinder 8 €

Palazzo Rosso

Die wohl bedeutendste Gemäldegalerie Genuas befindet sich in einem der stattlichen Adelspaläste der Via Garibaldi. Der nach seiner roten Fassade benannte Palast widmet sich den großen europäischen Meistern. Zum Fundus des Museums gehören Werke von Tizian, Veronese, Tintoretto, Caravaggio und Pisanello; herausragend ist Albrecht Dürers »Bildnis eines Jünglings«.
Via Garibaldi 18• Di–Fr 9–19, Sa, So 10–19 Uhr • Eintritt 7 €, Kinder 5 €

SPAZIERGANG

Los geht es an der **Porta dei Vacca**, einem noch aus der Stauferzeit stammenden Stadttor. Über die Via del Campo und die Via San Siro gelangt man in die **Via Garibaldi**, die im 16. Jh. angelegte Prachtstraße Genuas. Im imposanten **Palazzo Doria-Tursi** befindet sich das Rathaus, während im **Palazzo Bianco** sowie im **Palazzo Rosso** Gemäldegalerien untergebracht sind. Über

die Piazza delle Fontane Marose und die Via XXV Aprile geht es hinunter zur **Piazza de Ferrari**, dem 1875 angelegten Verkehrsknotenpunkt der Altstadt. Optisch wird der Platz von dem kubusförmigen Bühnenturm des Opernhauses **Teatro Carlo Felice** dominiert, das 1991 nach Plänen des Stararchitekten Aldo Rossi errichtet wurde. Ebenfalls an die Piazza de Ferrari grenzt der **Palazzo Ducale**. Nach Osten zweigt die Via XX Settembre ab, eine elegante Flaniermeile mit Geschäften, Galerien und Cafés. Die kurze Via Dante führt zum **Haus von Christoph Kolumbus**, in dem der Seefahrer seine Kindheit verbracht haben soll, und der zinnenbekrönten **Porta Soprana**, dem zweiten noch erhaltenen Stadttor aus der Stauferzeit. Durch die Porta Soprana hindurch gelangt man über die Via San Bernardo zur **Piazza Embriaci**, an der sich ein mittelalterliches Kleinod, das Kloster **Santa Maria di Castello**, befindet. Schräg gegenüber ragt der **Torre degli Embriaci** gen Himmel. Der 53 m große Turm ist der einzige Geschlechterturm Genuas, der noch in voller Höhe erhalten ist. Nun ist es Zeit für einen Besuch des **Duomo San Lorenzo**, dessen gotisches Hauptportal von zwei steinernen Löwen bewacht wird.
Dauer: 3 Std.

ESSEN UND TRINKEN
Pallavicini Celliere

Erstklassiger Fisch • Das Restaurant ist bekannt für seine auf hohem Niveau zubereiteten Fischvariationen. Salita Pallavicini 25/r • Tel. 0 10 25 28 82 • So Mittag und Mo Abend geschl. • €€€

EINKAUFEN
Drogheria Torielli

Traditionsreicher Familienbetrieb, in dem Köstlichkeiten wie Pistazien aus Aleppo, hausgeröstete Nüsse sowie mit Schokolade überzogene kandierte Früchte verkauft werden. Via San Bernado 32

SERVICE
AUSKUNFT
APT – Agenzia per il Turismo

Via Roma 11 • Tel. 0 10 57 67 91 • www.apt.genova.it

Ausflüge
◎ Portofino
500 Einwohner

Portofino »ist einer der schönsten Plätze an dieser Küste – vorsichtig ausgedrückt: denn wahrscheinlich ist es wirklich der allerschönste«. Dieser Lobeshymne von Klaus und Erika Mann kann man zweifellos auch heute noch zustimmen. Allerdings lässt sich ein weiterer Superlativ hinzufügen: Portofino ist mit Sicherheit auch einer der teuersten Plätze an der ligurischen Riviera, wenn nicht der teuerste, denn das hübsche ehemalige Fischernest gilt als »in«. Von Portofinos Beliebtheit in Jetset-Kreisen profitieren auch die Normalsterblichen: Nirgendwo sonst in Ligurien lässt sich das allabendliche Spektakel des Sehens und Gesehenwerdens besser miterleben als in den Cafés und Restaurants entlang der Mole und auf der zum Meer geneigten **Piazzetta** von Portofino. 36 km östl. von Genua

SEHENSWERTES
Castello di San Giorgio

Vom Hafen führt ein Treppenweg in zehn Minuten hinauf zum Castello di San Giorgio, das der deutsche Sektbaron Alfons von Mumm vor 100 Jahren zur Gartenvilla umbauen ließ. Es befindet sich leider in keinem guten Zustand, dafür entschädigt der Blick auf den Hafen.

Tgl. 10–18, im Winter 10–17 Uhr • Eintritt frei

ESSEN UND TRINKEN

Lo Stella

Treffpunkt der Schickeria • Hübsches Restaurant in exponierter Lage am Hafenkai.

Molo Umberto 1 • Tel. 01 85 26 90 07• Mi geschl. • €€€

◎ San Fruttuoso

Wenn ein Ort in Ligurien das Attribut »idyllisch« verdient, dann das in einer kleinen, tief eingeschnittenen Bucht gelegene Kloster San Fruttuso. Vollkommen abgeschieden, nur vom Meer aus oder durch einen zwei-stündigen Fußmarsch zu erreichen, könnte die Abtei mit ihren gotischen Fenstern und dem grazilen Wachturm jederzeit als Hollywoodkulisse für ein mittelalterliches Klostermelodram dienen. Der Legende zufolge gründete der spanische Bischof Prosperus 713 das Benediktinerkloster, nachdem er die Iberische Halbinsel mit den Gebeinen des hl. Fructuosus auf der Flucht vor den maurischen Eroberern verlassen hatte. Doch auch im vermeintlich sicheren Ligurien war den Mönchen keine Ruhe vergönnt: 984 wurde das Kloster von Sarazenen zerstört. Aber schon nach wenigen Jahren erfolgte der glanzvolle Wiederaufbau der Abtei, die später in die Abhängigkeit der Genueser Familie Doria geriet. Zum Schutz des Klosters ließ Andrea Doria 1550 einen Wehrturm, die **Torre dei Doria**, errichten.

30 km östl. von Genua

Einst ein kleines Fischernest, hat sich Portofino (▶ S. 72) in Jetset-Kreisen zum beliebten Treffpunkt an der ligurischen Küste entwickelt.

Livorno

170 000 Einwohner

Livorno ist schon seit dem ausgehenden 18. Jh. eine der größten Städte der Toskana. Lange Zeit war sie der Hafen von Pisa, wurde 1405 von den Genuesern übernommen und 1421 an Florenz verkauft. Durch große Investitionen im 16. Jh. entstand eine völlig neue, planmäßige Stadtanlage: ein »Amsterdam der Toskana«. Mit der **Fortezza Nuova** bildet die heutige Altstadt eine vom **Fosso Reale** umflossene Insel.

HAFEN

Das neue Cruise Terminal an der Calata Punto Franco liegt 0,5 km von der Stadt und 3 km vom Bahnhof entfernt. Mit dem Zug dauert es eine Viertelstunde nach Pisa (1,80 €), nach Florenz sind es eineinhalb Stunden (6,60 €).

ESSEN UND TRINKEN

Trattoria Il Sottomarino

Volksnah und preiswert • Nach einem Spaziergang sollten Sie Livornos Spezialität probieren: »cacciucco« – die üppige Fischsuppe. Via Terrazzini 48 • Tel. 05 86 88 70 25 • Mo, Di geschl. • €

SERVICE

AUSKUNFT

APT Costa degli Etruschi

Piazza Cavour 6 • Tel. 05 86 20 46 11 • www.costadeglietruschi.it

Ausflüge

◎ **Pisa**

90 740 Einwohner

Pisa ist eine bedeutende Universitätsstadt (25 000 Studenten), die neben dem Tourismus von der Industrie und dem Handel lebt. **Sant'**

Andrea, **San Martino**, **Borgo Stretto** und **Borgo Largo** zählen mit ihren schmalen Gassen und engen Plätzen zu den traditionsreichsten Stadtteilen Pisas. Die Hauptattraktionen sind natürlich der Schiefe Turm und der Platz, auf dem er steht: der grüne **Campo dei Miracoli** mit seinen Marmorbauten.

23 km nordöstl. von Livorno

SEHENSWERTES

Battistero

30 Jahre nach Fertigstellung des Doms begann Diotisalvi 1153 mit dem Bau des Baptisteriums. Nicola und Giovanni Pisano setzten das Werk fort und schmückten den Rundbau und seine vier Portale mit einem gotischen Arkadenumgang und maßwerkverzierten Rundbogenfenstern, über denen die Pyramidalkuppel aufragt. Im Inneren der größten Taufkirche der Christenheit ist eine sechseckige Kanzel von Nicola Pisano (1260) zu bewundern. Campo dei Miracoli • Nov.–Feb. tgl. 10–17, März 9–18, April–Sept. 10–20, Okt. 10–19 Uhr • Eintritt 5 €

Duomo Santa Maria Assunta

Das Meisterwerk italienischer Baukunst wurde 1063 begonnen. Der monumentale Dom konnte bereits im Jahr 1118 von Papst Gelasius II. geweiht werden. Die Bronzeflügel der San-Ranieri-Pforte stammen von Bonanus (1180). Giovanni Pisano schuf die Skulpturen am Außenbau, die reliefgeschmückte Kanzel im Inneren (1302–1311) und für die Sacrestia dei Cappellani die Madonnenstatue aus Elfenbein (1299), die heute im **Dommuseum** (die Öffnungszeiten entsprechen denen des Battistero) zu bewundern ist.

Piazza del Duomo • Nov.–Feb. tgl. 10–13 und 14–17, März 9–18, April–Sept. 10–20, Okt. 9–19, So, Feiertag ab 13 Uhr • Eintritt 2 €

Torre pendente (Schiefer Turm) 4

Alles wieder im Lot? Die charakteristische Schieflage des 55 m hohen Wahrzeichens von Pisa auf dem Campo dei Miracoli hat nach dem Geraderücken von 40,6 cm nichts von seiner Attraktivität verloren. Schief bleibt er, ist aber erst mal für die nächsten 300 Jahre gerettet. Besucher können nun wieder im 40-Minuten-Takt die so lange versperrten 293 Stufen hinaufsteigen. Infos: Opera Primaziale Pisana, Piazza del Duomo 17 • Tel. 0 50 56 05 47 • www.opa.pisa.it • Nov., Feb. tgl. 10–17, Dez., Jan. 9–16.30, März 9–17.30, April–Sept. 8.30–20, Okt. 9–19 Uhr • Eintritt 15 €

MUSEEN

Museo Nazionale di San Matteo

Das Museum, untergebracht im ehemaligen Benediktinerkloster, birgt eine bedeutende Sammlung toskanischer und pisanischer Malerei und Skulpturen.
Lungarno Mediceo • Di–Sa 8.30–19, So, Feiertag 8.30–13 Uhr • Eintritt 5 €

SPAZIERGANG

Der Bummel beginnt auf einer einst mit Läden überbauten Brücke, dem **Ponte di Mezzo**. Im Süden an der **Piazza XX Settembre** stehen der **Palazzo Gambacorti**, das heutige Rathaus (14. Jh.), und die **Logge di Banchi** (1603), unter denen am zweiten Wochenende im Monat der Kunst- und Handwerksmarkt stattfindet. Nach dem Überqueren der

Brücke schaut man durch die **Via Rigattieri** in die **Via delle belle Torri** mit mittelalterlichen Turmhäusern. Wendet man sich westlich an den Arkaden in den ältesten

Bereits nach Baubeginn geriet er in Schräglage: der Schiefe Turm von Pisa (▶ S. 75).

Teil der Altstadt, kommt man zur **Piazza Vettovaglie** und zur **Piazza Sant'Omobono**, dem belebten Marktviertel. Über die **Piazza Donati** gelangt man zur **Piazza dei Cavalieri** mit der Kirche **Santo Stefano d. C.** (1565–1569), dem **Palazzo dei Cavalieri** (ehemals degli Anziani) und dem **Palazzo dell' Orologio**. Er verbindet zwei Turmhäuser, das Staatsgefängnis und den Hungerturm. Der Spaziergang endet auf der **Piazza Cavalotti** mit dem ältesten Botanischen Garten der Welt, 1543 von dem Arzt Luca Ghini gegründet.
Dauer: 2–3 Std.

ESSEN UND TRINKEN
L'Antica Trattoria da Bruno

Historisches Lokal • Seit 37 Jahren servieren Piero Cei und seine Frau Graziella gutbürgerliche Gerichte. Via Luigi Bianchi 12, Porta a Lucca • Tel. 0 50 56 08 18 • Mo abends und Di geschl. • €

SERVICE
AUSKUNFT
APT Pisa

Via Matteucci, Galleria Gerace, 14 • Tel. 0 50 92 97 77 • www.pisa unicaterra.it

◎ Florenz

365 000 Einwohner
Stadtplan ▶ S. 144/145

Das historische Florenz, jener Teil der Stadt, der vor über 650 Jahren von dem zwischen 1284 und 1333 erbauten Mauerring umschlossen wurde, lässt sich leicht erlaufen. Das mittelalterliche Florenz mit seinen Stadtteilen **Santo Spirito** und **San Frediano** südlich des Arno hat auf der anderen Flussseite seine eigentliche Mitte. Übrigens: Ein Drittel aller Kunstschätze Italiens befindet sich in Florenz und Umgebung.
90 km östl. von Livorno

SEHENSWERTES
Battistero San Giovanni

▶ S. 144/145, C/D 2

Die achteckige Taufkirche, die dem Schutzpatron von Florenz geweiht ist, erhielt ihre heutige Gestalt im 11. bis 13. Jh. Ihre drei Bronzetüren sind weltberühmt. Im Innern sind die Mosaikarbeiten der Kuppel und Apsis mit dem Jüngsten Gericht und dem Weltenherrscher Christus Werke der byzantinisch-venezianischen Mosaikschule des 13./14. Jh.
Piazza di San Giovanni • tgl. 12–19, So, Fei 8.30–14 Uhr • Eintritt 4 €

Eine feste Größe im Besuchsprogramm: über den Ponte Vecchio (▶ S. 77), die älteste Brücke von Florenz, schlendern und die Auslagen der Juweliere bestaunen.

Duomo Santa Maria del Fiore

▸ S. 145, D 2

Der Dom wurde 1284 unter dem Baumeister Arnolfo di Cambio begonnen. Erst 1436 konnte er von Papst Eugen VI. geweiht werden. Später wurden auch Giotto (Campanile, 1334–1337) und Filippo Brunelleschi (Domkuppel, 1418–1436) berufen. Die dreischiffige Basilika ist die viertgrößte Kirche der Welt. Die Kuppel wurde von Vasari und Zuccari im 16. Jh. mit Darstellungen zum Jüngsten Gericht ausgemalt.
Piazza del Duomo • Mo–Mi, Fr 10–17, Do 10–16, Sa 10–16.45, So 13.30–16.45 Uhr • Eintritt frei

Ponte Vecchio 👫

▸ S. 144, C 3

Die Brücken von Florenz verbinden das Stadtzentrum mit Oltrarno und seinen Vierteln Santo Spirito und San Frediano. Besonders prächtig ist der 1345 errichtete Ponte Vecchio mit seinen Verkaufsläden.

Santa Croce

▸ S. 145, E 3

Die Ordenskirche der Franziskaner (1294–1385) ist aufgrund ihrer Eleganz und ihres Reichtums an Kunstschätzen ein Erlebnis. Meisterwerke sind Giottos Fresken in der **Cappella Peruzzi** und **Cappella Bardi** sowie Grabmale bedeutender Söhne der Stadt wie Michelangelo, Machiavelli und Rossini.
Piazza Santa Croce 16 • Kirche und Museum tgl. 9.30–17.30, So 13–17.30 Uhr • Eintritt mit Museum 5 €

MUSEEN

Bargello

▸ S. 145, D 2

Im Nationalmuseum stehen Skulpturen Florentiner Bildhauer des 16. Jh. Drei Meisterwerke Michelangelos sind zu bewundern: der

---

MERIAN-Tipp ◆ 6

SCHOKOLADE IM RIVOIRE, EIS BEI VIVOLI

Im traditionsreichen Caffè Rivoire im Schatten des Palazzo Vecchio gibt es die beste heiße Schokolade der Stadt. Weniger heiß, aber dafür unübertroffen in der Kunst des Speiseeises ist die Gelateria Vivoli, die wohl beste Eisdiele der Stadt.
– Rivoire: Florenz, Piazza della Signoria, 5r • Mo geschl.

▸ S. 145, D 3

– Vivoli: Florenz, Via Isola delle Stinche, 7 • Mo geschl.

▸ S. 145, E 3

---

trunkene Bacchus (1497), das Pitti-Tondo (1504) und die Büste des Brutus (1530). Beachtenswert sind auch die Werke Cellinis und Giambolognas. Im großen Saal des **Consiglio Generale** befinden sich u.a. die Marmorstatue des hl. Georg (1416) und des David (1408–1409) von Donatello.
Via del Proconsolo 4 • Di–Sa 8.15–13.50 Uhr • Eintritt 4 €

Galleria dell'Accademia

▸ S. 145, E 1

Hier steht seit 1882 das Original der berühmtesten Statue von Florenz: Michelangelos **David**, der sich seit 1504 vor dem Palazzo Vecchio befunden hatte. Zu sehen sind außerdem vier unvollendete Sklaven-Statuen sowie der »Hl. Matthäus« und die »Pietà di Palestrina «, ebenfalls von Michelangelo.
Via Ricasoli 60 • Di–So 8.15–18.50 Uhr • Eintritt 6,50 €

Galleria degli Uffizi 🌟

▶ S. 145, D 3

Der Rundgang in der weltberühmten Pinakothek beginnt bei den frühen Altartafeln der Toskaner Künstler Cimabue, Giotto, Duccio, Simone Martini und Ambrogio. Es folgt die Malerei der internationalen Gotik mit Gentile da Fabriano und Lorenzo Monaco. Im Saal 7 sind die Meister der Frührenaissance versammelt. Werke von Sandro Botticelli dominieren Saal 10. Im Saal 15 folgen auf die »Taufe Christi«, eine Gemeinschaftsarbeit der Schüler Botticelli und Leonardo aus der Werkstatt ihres Meisters Andrea del Verrochio, Meisterwerke wie Leonardos »Verkündigung« (1475) und Mantegnas »Madonna della Cava« (1489). Piazzale degli Uffizi 6 • www.uffizi. firenze.it • Di–So 8.15–18.50 Uhr • Eintritt 6,50 €

WUSSTEN SIE, DASS …

… man durch einen Korridor von den Uffizien zum Palazzo Pitti gelangen kann? Damals war das eine Missachtung des Volkes durch Cosimo de' Medici, heute ist es eine besondere Attraktion.

SPAZIERGANG

Stadtplan ▶ S. 144/145

Vom belebten Platz zwischen Baptisterium und Dom, dem geistlichen Zentrum der Stadt, zur **Piazza della Signoria**, ihrem weltlichen, gelangt man über die Via de'Calzaioli. Die erste Gasse führt links in die Via delle Oche, die weiter unten auf den **Corso** stößt. Man überquert ihn und kommt über die Via Santa Margherita zur Via Dante Alighieri mit der **Casa Dante** und der imposanten **Torre della Castagna**. Ihr gegenüber steht die kleine Kirche **San Martino** mit herrlichen Fresken (15. Jh.).

An der Piazza de'Cimatori geht man linker Hand in die Via dei Cerchi, bevor man rechts über die Via dei Cimatori auf die Via de'Calzaioli stößt. Man überquert sie und läuft die Via de'Lamberti am mächtig aufragenden Bau des **Orsanmichele** entlang zur Via Pellicceria. Hier biegt man rechts zur **Piazza della Repubblica** ab. Unter den Arkaden an der Post vorbei geht es links in die Via degli Strozzi zum gleichnamigen **Renaissancepalast** (1489) der Familie Strozzi. An der Ecke zur eleganten **Via de' Tornabuoni**, in die man links hinuntergeht, liegt schräg gegenüber in der Via Spada das ausgezeichnete **Caffè Giocosa**. Vor der Colonna della Giustizia und dem Palazzo Spini-Feroni geht man links in die **Via della Porta Rossa**. Wo sie sich zu einem Platz öffnet, steht an ihrer rechten Seite der **Palazzo Davanzati** aus dem Trecento (14. Jh.). Vorbei an der Loggia des **Mercato Nuovo** erreicht man wieder die Via de' Calzaioli, die rechter Hand in die **Piazza della Signoria** mündet. Dauer: 2 Std.

ESSEN UND TRINKEN

Da Burde   ▶ S. 144, westl. A 1

Traditionelle Trattoria • Sehr gute Küche mit allen traditionellen Speisen, leckere Suppen und Desserts. Via Pistoiese 6 r • Tel. 0 55 31 72 06 • www.daburde.it • So geschl. • €

BioBistrot 🌱   ▶ S. 144, nördl. A 1

Gesund und gut • Federico und seine Frau Maria Cristina verköstigen ihre Gäste mit vegetarischen

So menschenleer präsentiert sich der Piazzale degli Uffizi selten. Normalerweise ist er von Wartenden bevölkert, die Einlass in die berühmten Galerien (▸ S. 78) begehren.

Gerichten. Beide haben erkannt, wie wichtig der persönliche Kontakt zu den Produzenten ist. Zu wissen, aus welchem biodynamischen Hof Fleisch, Getreide und Pasta kommen, für sie oberstes Gebot.
Via Pacini, 45/47 • Tel. 0 55 35 97 04 • www.biobistrot.it • Mo–Fr 11–23, Sa 19–23 Uhr • €

EINKAUFEN
Brandimarte   ▸ S. 144, westl. A 3
Große Silberschmiede. Besichtigung und Kauf möglich.

Via L. Bartolini, 18 r/Ecke Piazza di Verzaia (Nähe Porta San Frediano)

Raspini   ▸ S. 144, C 2
Das Synonym für Florentiner Lederwaren. Für Markenfans ist der Besuch ein absolutes Muss.
Via Roma 25–29 r

SERVICE
AUSKUNFT
APT Firenze   ▸ S. 145, nordöstl. F 1
Via Manzoni, 16 • www.firenze turismo.it • Mo–Fr 9–13 Uhr

Civitavecchia

51 000 Einwohner

Civitavecchia dient als Anlegeplatz für jene Kreuzfahrer, die die Ewige Stadt Rom besuchen wollen.

HAFEN

Bis zum Hafentor verkehrt ein Shuttlebus. Von dort erreicht man den Bahnhof von Civitavecchia zu Fuß. Von hier dauert es zum Bahnhof Roma Termini ca. eine Stunde. Von Civitavecchia aus verkehrt auch die Regionalbahn FR 5 nach Rom.

Ausflug

◎ Rom

2 547 000 Einwohner

Stadtplan ▶ S. 146/147

Über 2500 Jahre lang wird in Rom schon gebaut, gemalt, gemeißelt. Da sammelt sich eine Menge an Sehenswürdigkeiten an. Sie können einen Monat lang auf antiken Spuren wandeln, einen weiteren im Barock schwelgen und einen dritten auf das Mittelalter verwenden – trotzdem würden Sie nicht die ganze Palette an Sehenswertem besucht haben. Deshalb: Wählen Sie etwas aus!

70 km südöstl. von Civitavecchia

SEHENSWERTES

Arco di Costantino ▶ S. 147, E 4

Der größte und am besten erhaltene antike Triumphbogen in Rom wurde 315 n. Chr. anlässlich des Siegs Kaiser Konstantins über Maxentius an der Milvischen Brücke errichtet.

Piazza del Colosseo • Metro: Colosseo

Campidoglio (Kapitol) ▶ S. 147, D 4

Bereits in der Antike lag auf diesem Hügel das Machtzentrum der Stadt, und noch heute sitzt hier der Bürgermeister. 509 v. Chr. erbauten die Römer hier die Tempel von Jupiter, Juno und Minerva. Und an der Stelle, wo sich heute die gotische Kirche **Santa Maria in Aracoeli** erhebt, stand einst die **Arx**, die Burg des antiken Roms. Die steile Treppe hinauf zur Kirche wird rechts von der flacheren **Cordonata**, dem von Michelangelo entworfenen, majestätischen Aufgang zum Kapitol, flankiert. Stolz schauen die Dioskuren Castor und Pollux dem Besucher entgegen und geben den Blick auf die Piazza di Campidoglio frei, die ebenfalls von Michelangelo stammt.

Bus: Piazza Venezia

Cappella Sistina ▶ S. 146, östl. A 2

Michelangelo malte das Gewölbe der Sixtinischen Kapelle zwischen 1508 und 1512 mit Szenen aus der Schöpfungsgeschichte bis Noah aus. Sein absolutes Meisterwerk begann der Künstler als Sechzigjähriger 1535: das Jüngste Gericht an der Altarwand mit 391 Figuren, das er 1541 vollendete. Bei all der Gewalt und der Schönheit der sich windenden Gestalten Michelangelos sollte man die Fresken an den Wänden von seinen Kollegen Perugino, Rosselli, Botticelli, Ghirlandaio und Signorelli nicht übersehen. Man besichtigt die Sixtinische Kapelle im Rahmen der Vatikanischen Museen (▶ S. 85).

Castel Sant' Angelo   ▸ S. 146, B 2

Kaiser Hadrian ließ sich nach eigenen Plänen ab 139 n. Chr. ein prachtvolles Grabmal am rechten Tiberufer errichten. 590 erschien Papst Gregor I. auf der Spitze des Mausoleums angeblich der Erzengel Michael, der sein Schwert zurück in die Scheide steckte und damit das Ende der gerade wütenden Pest anzeige. Diese Episode gab dem Gebäude seinen heutigen Namen Engelsburg. Während des Mittelalters wurde das Grabmal zu einer mächtigen Festung ausgebaut und in die Aurelianischen Mauern integriert.
Lungotevere di Castello • Bus: Piazza Pia • www.castelsantangelo.com • Di–So 9–19 Uhr • Eintritt 5 €

Città del Vaticano   ▸ S. 146, A 2/3

Noch heute regiert das Oberhaupt der katholischen Kirche, der Papst, den Vatikanstaat, den mit 44 ha kleinsten Staat der Welt, und seine 750 Einwohner wie ein absoluter Monarch. Teile des kleinen Staates kann man im Rahmen des Besuchs der **Musei Vaticani** (▸ S. 85) besichtigen. Jeden Mittwoch hält der Papst eine öffentliche Audienz in der Aula delle Udienze Pontificie (im Sommer auf dem Petersplatz).
– Centro Servizi Pellegrini e Turisti: Piazza San Pietro, linker Flügel • Metro: Ottaviano–San Pietro • www.vatican.va
– Audienzen: Dt. Pilgerzentrum: Via del Banco di Santo Spirito 56 • Tel. 0 66 89 71 97 • www.pilgerzentrum. de • Di 15–18, Mi 8.30–10.30 Uhr

Colosseo 6 👫   ▸ S. 147, E/F 4

Kaiser Vespasian aus der Familie der Flavier begann 79 n. Chr. mit dem Bau des **Amphitheatrum Flavium** – wie das größte, erstmals ganz aus Stein (und nicht aus Holz) errichtete

Das monumentale Colosseo (▸ S. 81) mit seinen Rundbögen in den ersten drei Stockwerken ist immer noch eines der beeindruckendsten Zeugnisse antiker Baukunst.

Ausgewogene Proportionen, harmonische Raumwirkung: Das Pantheon (▶ S. 83), das besterhaltene antike Monument Roms, mutet zeitlos-modern an.

Amphitheater der römischen Welt offiziell hieß. Sein Sohn Titus weihte das 48,5 m hohe, 50 000 Zuschauer fassende Oval ein Jahr später mit 100-tägigen Festspielen ein. Die 80 Rundbögen der ersten drei Stockwerke des Kolosseums rahmen unten dorische, in der Mitte ionische und oben korinthische Halbsäulen. In den kleineren viereckigen Löchern waren 240 Balken verankert, die ein großes Segeltuch hielten, um die Zuschauer vor der Sonne zu schützen. Streng hierarchisch geordnet saßen unten der Kaiser und die Priester, darüber die Patrizier und weiter oben das gemeine Volk, um dem Spektakel in der 78 m langen und 46 m breiten Arena beizuwohnen.
Piazza del Colosseo • Metro: Colosseo • April–Sept. tgl. 8.30–19, Okt. tgl. 8.30–18.30, Nov.–März. tgl. 8.30–16 Uhr • Eintritt 11 €, Kinder 6,50 €

Fontana di Trevi 🏃‍♀️ ▶ S. 147, D 3

Wie man auf kleinstem Raum Spektakuläres schaffen kann, zeigte der Architetkt Nicola Salvi, als er ab 1732 im Auftrag Papst Clemens XII. den Trevi-Brunnen errichtete. In der Mitte des Barockensembles lenkt der Meeresgott Oceanus ein wildes und ein sanftes Pferd, die von Tritonen geführt werden. Über eine aus Felsen geformte »Küstenlandschaft« ergießt sich das Wasser hinunter in das weite »Meer«. Das ewig fließende Wasser gilt als Sinnbild der Lebenskraft der Ewigen Stadt.
Weltberühmt machte den Brunnen Fellinis Film »La dolce vita«, in dem Anita Ekberg vor den Augen Mastroiannis in den Fluten badet. Auch die Legende, dass man eine Münze ins Wasser werfen muss, um nach Rom zurückzukehren, hält sich bis heute.
Piazza di Trevi • Bus: Tritone/Fontana di Trevi

Monumento a Vittorio Emanuele II ▸ S. 147, D 4

Bis heute streiten sich Gegner und Befürworter des weißen »Altars des Vaterlandes«, der wegen seiner Form im Volksmund auch die »Schreibmaschine« heißt. Zu den Kritikpunkten zählt der Zuckerbäckerstil ebenso wie die gigantische Dimension (Höhe 70 m, Breite 135 m, Tiefe 130 m). Das klassizistische Bauwerk wurde ab 1885 zum Gedenken an Viktor Emanuel II., der Italien 1870 durch die Eroberung Roms geeint hatte, errichtet. Seit 2007 führt ein Aufzug auf das Dach des Denkmals, von dort hat man eine tolle Aussicht!

Piazza di Venezia • Bus: Piazza Venezia

Pantheon ▸ S. 146, C 3

Dieser majestätische Tempel bildet bis heute wohl das großartigste Zeugnis antiker Baukunst in Rom. Das harmonische Zusammenwirken einfacher geometrischer Formen – eine Halbkugel auf einem Zylinder, ein Rechteck mit einem dreieckigen Giebel – verleihen dieser Konstruktion etwas Geniales. 27 v. Chr. von dem Konsul Agrippa erbaut, ließ Kaiser Hadrian das Pantheon zwischen 118 und 125 neu gestalten. Die Kuppel ist mit einem Durchmesser von 43,3 m die größte der Welt (Kuppel des Petersdoms 42,56 m, Kuppel von Santa Maria del Fiore in Florenz 42 m). Fünf Reihen von Kassetten führen den Blick hinauf zu dem 9 m breiten Loch, die einzige Lichtquelle des Raumes. Inmitten dieser Pracht fand Raffael seine letzte Ruhestätte (dritte Ädikula links).

Piazza della Rotonda • Bus: Santa Chiara • Mo–Sa 8.30–19.30, So 9–18, Feiertag 9–13 Uhr • Eintritt frei

Piazza Navona 👤👤 ▸ S. 146, C 3

Wer den Puls der Stadt fühlen möchte, den Herzschlag von Römern aller Altersgruppen und Touristen aus aller Welt, der sollte einen Sommerabend auf der Piazza Navona verbringen. Karikaturisten und Feuerschlucker, Pantomimen und Alleinunterhalter nutzen das anheimelnde Oval des Stadions, das Kaiser Domitian im 1. Jh. n. Chr. errichten ließ, für ihren Auftritt. Inmitten der sanften Rot- und Ockertöne der Palazzi scheint der Obelisk über der **Fontana dei Fiumi**, dem Vierströme-Brunnen von Bernini, zu schweben.

Bus: Corso V. Emanuele

Piazza San Pietro (Petersplatz) ▸ S. 146, A 2

Wie eine Umarmung der Mutter Kirche wirken die frei stehenden Kolonnaden der Piazza für die Gläubigen aus aller Welt, die hier dem Papst etwa am Ostersonntag beim Segen »Urbi et Orbi« zuhören. Seit 1656 befasste sich Bernini mit der Platzgestaltung, die zu den revolutionären architektonischen Meisterleistungen zu rechnen ist. Steht man auf einer der runden Marmorplatten links und rechts vor den Brunnen, verschmelzen die vier Kolonnadenreihen zu einer einzigen. 140 Heiligenstatuen blicken von den Balustraden auf das Geschehen herab. In der Mitte dominiert der Obelisco Vaticano, den Caligula 37 n. Chr. aus Alexandria nach Rom brachte und Sixtus V. 1586 aufstellen ließ. Das Kreuz auf 41 m Höhe umschließt eine Reliquie des Kreuzes Christi und symbolisiert den Sieg des Christentums über das antike Heidentum.

Metro: Ottaviano–San Pietro

San Pietro in Vaticano (Petersdom) ▸ S. 146, östl. A 2

Die wichtigste Kirche der Christenheit (mit Portikus 219 m lang, Querschiff 155 m, Fassade 47 m und Kuppel bis zum Kreuz 137 m hoch) erhebt sich über dem Grab des Apostels Petrus. Unter dem Portikus empfangen den Besucher rechts die Reiterstatue Kaiser Konstantins, des ersten christlichen Kaisers (von Bernini), und links die Karls des Großen, des ersten am Weihnachtstag 800 im Petersdom gekrönten Kaisers des Sacrum Imperium Romanum. Bereits die Eingangsportale geben eine Vorahnung auf die reiche Ausstattung des Doms: Das mittlere schuf Filarete 1439–45 noch für die alte Peterskirche, das äußerste rechte ist die Porta Santa, die nur in einem Heiligen Jahr geöffnet wird (wieder 2025), das äußerste linke, das Portal des Todes, erarbeitete Giacomo Manzù im Auftrag Johannes XXIII. zum zweiten Vatikanischen Konzil.

MERIAN-Tipp 7

TERRAZZA CAFFARELLI
▸ S. 147, D 4

Keinesfalls sollten Sie einen Besuch des Museumscafés der Musei Capitolini, der Terrazza Caffarelli, versäumen. Der Zugang ist auch ohne Eintrittskarte für das Museum möglich. Bei einem Cappuccino liegen Ihnen die Dächer Roms zu Füßen. Garibaldis Statue auf dem Gianicolo, das Teatro di Marcello und die Peterskuppel dienen als Blickfang.
Rom, Piazza del Campidoglio • Di–So 9–19.30 Uhr

Der majestätische Innenraum wirkt trotz seiner riesigen Dimensionen nicht erschlagend. Dies liegt an den großen Figuren, die so dem Ganzen einen harmonischen Gesamteindruck verleihen. Die meisten Engel sind weit über 2 m hoch! Aus den unzähligen Kunstschätzen seien nur einige herausgehoben. Gleich rechts steht – seit einem Anschlag hinter Glas – die **Pietà** von Michelangelo, die er mit nur 23 Jahren 1498–99 skulpierte. Am vorderen rechten Pfeiler der Kuppel sitzt der **Bronze-Petrus** von Arnolfo di Cambio, dessen Fuß seine Verehrer fast »weggeküsst« haben. Zu den großartigen Meisterwerken der Kirche zählen auch die **Papstgrabmäler**. Unter der Kirche lohnen die **Sacre Grotte Vaticane** und die **Tomba di San Pietro** einen Besuch. Der Aufstieg (142 Stufen) bzw. Lift zur **Kirchenkuppel**, die einen fantastischen Ausblick gewährt, liegt auf der rechten Seite der Basilika.
Piazza San Pietro • Metro: Ottaviano–San Pietro
– Petersdom: tgl. 7–19 Uhr
– Tesoro: April–Sept. 9–18, Okt.–März 9–17 Uhr • Eintritt 6 €
– Kuppel: April–Sept. 8–17.30, Okt–März 8–17 Uhr • Eintritt 4 €, Lift 7 €

MUSEEN

Musei Capitolini ▸ S. 147, D 4

Der Palazzo dei Conservatori und der Palazzo Nuovo, die den Kapitolsplatz flankieren, beherbergen eines der herausragenden Museen antiker Skulptur in Rom. Eines der bekanntesten Ausstellungsstücke ist die »Kapitolinische Wölfin« (5. Jh. v. Chr.).
Piazza del Campidoglio • Bus: Piazza Venezia • www.museicapitolini.org • Di–So 9–20 Uhr • Eintritt 6,50 €

Museo e Galleria Borghese

▶ S. 147, E 1

Im Nordosten der Villa Borghese, der großen römischen Parkanlage, liegt das Casino Borghese, das im Erdgeschoss das Museum und im ersten Stock die Galleria Borghese beherbergt. Die »Königin unter den privaten Kunstsammlungen der Welt« begann der Neffe Papst Pauls V., Kardinal Scipione Borghese, 1608. In der Galleria ragen einige Werke aus der Masse der Kostbarkeiten (Lukas Cranach, Rubens, Giovanni Bellini) noch heraus: die Grablegung Christi von Raffael (1506/07), die Danae von Correggio (1526), »Heilige und Profane Liebe« (»Amor Sacro e Amor Profano«) von Tizian (1516/17), das Porträt eines unbekannten Mannes von Antonello da Messina. Nur alle zwei Stunden dürfen 360 Besucher in das Museum, eine Anmeldung ist unabdingbar! Piazzale Scipione Borghese 5 • Bus: Pinciana • www.galleria borghese.it • Di–So 8.30–19.30 Uhr nach Anmeldung (Tel. 0 63 28 10, auch online möglich) • Eintritt 8,50 €, Kinder 2 €

Musei Vaticani (Vatikanische Museen)

▶ S. 146, A 2

Eine der bedeutendsten Kunstsammlungen der Welt, die auch die größte Antikenkollektion der Erde umfasst, beherbergen die Paläste, die seit dem Mittelalter durch jahrhundertelange Um- und Neubauten entstanden. Die unüberschaubare Anzahl an herausragenden Kunstobjekten macht es sinnvoll, sich für eine Auswahl zu entscheiden und diese gezielt anzuschauen. Viale Vaticano • Metro: Cipro • mv.vatican.va • Mo–Sa 8.30–18 Uhr Eintritt 14 €, Kinder frei

Die wichtigsten Museen: Appartamento Borgia

Papst Alexander VI. Borgia (1492–1503) ließ seine Wohnräume im Vatikan von Pinturicchio (und Schülern) mit herrlichen Fresken ausmalen. Die Sala dei Santi (Nr. IV) und die Sala dei Misteri della Fede (Nr. V) mit einem Porträt des knienden Papstes verdienen besondere Aufmerksamkeit.

Cappella Sistina (Sixtinische Kapelle)

▶ S. 80

Galleria degli Arazzi e delle Carte Geografiche

Die Wandkarten Italiens, ausgestellt in der Galleria delle Carte Geografiche mit herrlicher Decke, entstanden 1580–83 und bezeugen das wachsende Bewusstsein der Einheit Italiens trotz politischer Zerstückelung.

Museo Gregoriano Etrusco

Das Museum zählt zu den bedeutendsten Sammlungen etruskischer Kunst, beherbergt aber auch eine Kollektion antiker griechischer und italienischer Vasen. Beachtenswert ist der fast lebensgroße Mars von Todi, ein Bronzekrieger, der aus dem 5. Jh. v. Chr. stammt. Variierende Öffnungszeiten

Museo Pio Clementino

Mit Sicherheit einer der Höhepunkte der vatikanischen Sammlungen: Das Museum bietet in den Räumen rund um den Cortile Ottagono (Belvedere-Hof) berühmte griechische und römische Skulpturen. Zu den herausragenden Arbeiten zählen: der »Apoxyomenos«, nach einem Original von Lysipp (340–320 v. Chr.), das den Athleten nach dem Sieg zeigt, und die einzigartige Laokoon-Gruppe aus dem 1. Jh. n. Chr.

Stanze di Raffaello

Die Stanzen Raffaels bestehen aus mehreren Sälen: Sala di Costantino mit wichtigen Szenen aus dem Leben Kaiser Konstantins schuf Giulio Romano, ein Schüler Raffaels.

Über die Sala dei Palafrenieri erreicht man die Cappella di Niccolò V., deren Freskenschmuck von Fra Angelico stammt. Es folgt die Stanza di Eliodoro, die Raffael von 1512–14 ausmalte: »Papst Leo d. Große (mit dem Gesicht Leos X.) hält die Invasion Attilas auf«, »Messe von Bolsena« mit feinem Porträt des knienden Papstes Julius II., »Vertreibung des Heliodor« mit einem Selbstporträt Raffaels (links unten), »Befreiung des Apostels Petrus«, das erste Nachtbild der Hochrenaissance. Die Fresken der Stanza della Segnatura, in der die offiziellen Schriftstücke unterzeichnet wurden, bilden den Höhepunkt der Malerei Raffaels (1509–11). Der »Disputa del Sacramento«, einer Verherrlichung des katholischen Glaubens, steht die »Schule von Athen«, die Philosophie der Antike, gegenüber. Der »Parnass«, der Sitz der Künste, sowie das kanonische Recht (symbolisiert durch Papst Gregor IX.) und

das weltliche (symbolisiert durch Kaiser Justinian) vervollständigen den Raum. Die Theologie, Gerechtigkeit, Philosophie und Poesie an der Decke runden dieses großartige, das gesamte Wissen der Menschheit umfassende Programm ab.

SPAZIERGANG

Stadtplan ▸ S. 146/147

Von der Piazza della Repubblica, Ende des 19. Jh. angelegt, biegt man links in die Via XX Settembre ein und gelangt damit in die Zeit der Stadterneuerung nach 1871. An der Ecke zur Via Quattro Fontane befindet sich die **Vierbrunnen-Kreuzung** (Quadrivio delle Quattro Fontane) mit den Brunnenfiguren, die Tiber und Arno, Diana und Juno verkörpern. Endlos lang zieht sich rechts die Fassade des **Quirinalspalastes** hin. Auf der linken Straßenseite bieten **San Carlo alle Quattro Fontane**, ein barockes Meisterwerk von Borromini, und **Sant' Andrea al Quirinale**, ein spätes Opus von Bernini, mehr Abwechslung. Sixtus V. ließ die beiden 5,6 m hohen Dioskuren Castor und Pollux aus den einst hier gelegenen Thermen Konstantins restaurieren und in der Mitte der **Piazza del Quirinale** aufstellen. Man steigt nun die Via della Dataria hinunter und biegt rechts in die Via San Vincenzo ein. Die Menschenmassen weisen den Weg zu Roms berühmtestem Brunnen, der **Fontana di Trevi**. Die Via dei Crociferi führt zum Eingang der Einkaufs-Galleria Alberto Sordi (ex Colonna). Langsam bummelt man nun den **Corso** hinauf, der seit der Antike als Einkaufsmeile dient. Man biegt rechts in die **Via Condotti** ein, die Straße der Alta Moda, in der das

älteste Café der Stadt, Caffè Greco, liegt. Die **Spanische Treppe** kommt ins Blickfeld, die Türme der Kirche **Trinità dei Monti** darüber. Über die Antiquitätenmeile Via del Babuino spaziert man weiter. Für das Heilige Jahr 2000 erhielt eine der gelungensten Platzgestaltungen Roms, die **Piazza del Popolo**, einen neuen Anstrich. Von hier steigt man auf den Pincio, einem Hügel im Norden Roms, und genießt einen der schönsten Blicke auf die Ewige Stadt.
Dauer: 2–3 Std.

ESSEN UND TRINKEN

Carbonara ▶ S. 146, C 3

Traditionsverwurzelt • Auf dem Campo de' Fiori speisen: Einmal muss man einfach hier sitzen.
Piazza Campo de' Fiori 23 • Bus: Corso V. Emanuele • Tel. 0 66 86 47 83 • Mi–Mo 12.15–15.10 und 19.30–23 Uhr, Aug. geschl. • €€€

Obika ▶ S. 146, C 2

Außergewöhnlich • Die erste Mozzarellabar Roms, in der man in moderner Atmosphäre wunderbare Käse- und Nudelspezialitäten verzehrt. Günstige Mittagsmenüs.
Via dei Prefetti 26a • Bus: Prefetti • Tel. 0 66 83 26 30 • www.obika.it • tgl. 10–24 Uhr • €

Palatium – Enoteca regionale 🌿
▶ S. 147, D 3

Wein und mehr • Weit mehr als eine Weinhandlung mit breitem Sortiment (mehr als 180 Weine der Region Latium) – die Enoteca ist ein wahres Schlaraffenland mit vergessen geglaubten Geschmackssensationen.
Via Frattina 94 • Metro: Spagna • Tel. 06 69 20 21 32 • www.enoteca palatium.it • Laden: Mo–Sa 11–23 Uhr, So 12.30–15.30, 20–22.30 Uhr • Lokal: Mo–Fr 18.30–20 Uhr • €

Gute Vorbereitung hilft, um in den Musei Vaticani (▶ S. 85) den Überblick zu behalten! Eine Spiraltreppe, 1932 von Giuseppe Momo entworfen, führt in die Gemächer.

Giolitti ⛱🍴 ▶ S. 147, D 3

Seit vielen Jahrzehnten die In-Eis-diele Roms. Besuchenswert.
Via Uffici del Vicario 37–41 • Bus: Largo Chigi • www.giolitti.it

EINKAUFEN
Discount dell' Alta Moda
▶ S. 147, D 2

Kleidung und Accessoires der nam-haftesten Designer aus der vergange-nen Saison, deshalb billiger.
Via Gesù e Maria 14 und 16/a • Metro: Spagna

La Tradizione di Belli e Fantucci
▶ S. 146, östl. A 2

Eine der besten Adressen für Käse, Wurst und andere Delikatessen.
Via Cipro 8 e • Metro: Cipro • www.latradizione.it

SERVICE
AUSKUNFT
Turismoroma ▶ S. 147, östl. F 3

Stazione Termini (Bahnhof), Via Giolitti 34, Binario 24 • www.turismo roma.it • tgl. 8–20.30 Uhr

Neapel

1 036 000 Einwohner

Die Vitalität und Lebensfreude, die sich vor allem in der Altstadt zeigen, haben europäische Künstler und Literaten bereits im 18. Jh. begeistert beschrieben. Bei der Beobachtung des hektischen Gewimmels, der Far-ben, der lauten Stimmen und star-ken Gerüche in den Altstadtgassen, wo die Hinterlassenschaften aus Mittelalter, Renaissance, Barock und Rokoko sich gegenseitig den Rang ablaufen, stürzen Besucher damals wie heute in eine Art Sinnestaumel, dem sie möglichst ausgeruht begeg-nen sollten.

HAFEN

Die Stazione Maritima liegt mitten in der Innenstadt, ganz in der Nähe legen auch die Schnellboote nach Capri ab.

SEHENSWERTES
Castel Nuovo

Die mächtige Festung wurde von Karl I. von Anjou im 13. Jh. errichtet. Die Anjou waren den Staufern als Herren der Stadt nachgefolgt. Das Marmorportal gehört zu den besten Renaissancearbeiten in Neapel.
Piazza Municipio • Mo–Sa 9–19 Uhr • Eintritt 5 €

Castel Sant'Elmo

Robert der Weise legte 1343 diese Festung hoch über der Stadt auf dem Vomerohügel an.
Di–Do 9–18.30 Uhr • Eintritt 3 €

Catacombe di San Gaudioso

Eindrucksvolle Beispiele neapolita-nischer Grabkultur des 17. Jh.
Piazza della Sanità (Kirche Santa Maria della Sanità) • www.catacombe dinapoli.it • Führungen tgl. 10–13 Uhr • Eintritt 8 €, Kinder frei

Marechiaro-Bucht

In einer kleinen Bucht am Fuße des Posillipo, des südwestlich ins Meer eintauchenden Bergrückens, liegt das ehemalige Fischerviertel Mare-chiaro, das man von der Via Posil-lipo über die Via Franco Alfano erreicht. Die Lokale an den Boots-anlegern garantieren einen roman-tischen Abend.

Piazza Bellini

Der Platz, in dessen Mitte sich eine kleine griechische Ausgrabungsstät-te befindet, liegt in der Nähe des

Konservatoriums und gehört zu den beliebtesten Treffpunkten Neapels. Hier verwöhnt eine Reihe von Cafés und Restaurants ihre Gäste fast rund um die Uhr.

MUSEEN

Museo Archeologico Nazionale

Das aus dem 18. Jh. stammende Museum beherbergt eine der bedeutendsten archäologischen Sammlungen Europas. Zu sehen sind u. a. eine Ausstellung antiker Skulpturen (Erdgeschoss), eine ägyptische Sammlung (Untergeschoss) und alle bei den Ausgrabungen in den antiken Städten Pompeji, Ercolano, Stabia und Cuma gefundenen Schätze (Zwischen- und Obergeschoss). Piazza Museo Nazionale 35 • www.marcheo.napolibeniculturali.it • Mi–Mo 9–19.30 Uhr • Eintritt 6,50 €, Kinder frei

Museo Cappella Sansevero

Die einstige Begräbniskapelle der Adelsfamilie Sangro befindet sich gegenüber der Kirche San Domenica Maggiore und birgt eine besondere Attraktion: Die Marmorskulptur »Cristo Velato« von Giuseppe Sanmartino ruft Staunen und Bewunderung hervor, so täuschend echt ist der transparente Schleier gelungen. Via de Sanctis 19 • www.museo sansevero.it • Mi–Mo 10–17.40, So, Feiertag 10–13.10 Uhr • Eintritt 6 €, Kinder frei

Museo e Galleria Nazionali di Capodimonte

Im Schloss Capodimonte befindet sich die Nationalgalerie. Ihren Grundstock bildet die sehenswerte Sammlung der italienischen Adelsfamilie Farnese mit Werken u. a. von

MERIAN-Tipp   8

NAPOLI SOTTERRANEA

Das weit verzweigte ehemalige Zisternensystem der Stadt, das unterirdische Neapel, diente den Neapolitanern im Zweiten Weltkrieg als Schutzraum und später Mitgliedern der Unterwelt als Fluchtweg. Führungen durch die unterirdische Welt finden im historischen Zentrum statt. Neapel, Piazza San Gaetano 68 • Tel. 0 81 29 69 44 • www.napoli sotterranea.org • Mo–So 12, 14, 16, Do auch 21, Sa, So auch 10 Uhr • Eintritt 9 €

Caravaggio, Raffael und Michelangelo, für die Karl III. mit dem Schloss repräsentative Räume und einen würdigen Rahmen errichten ließ. Parco di Capodimonte • www.museo-capodimonte.it • Mo–Di 8.30–19.30 Uhr • Eintritt 7,50 €, Kinder frei

SPAZIERGANG

Nach einem Besuch des Doms, der **San Gennaro**, dem Schutzpatron Neapels, geweiht ist, überquert man die Via Duomo und taucht in das lebendige Treiben der Via Tribunali ein. Auf der linken Seite erscheint die Kirche **San Lorenzo Maggiore**. Hier biegt man links ab und befindet sich in der Krippenstraße, der **Via San Gregorio Armeno**, in der neben den Werkstätten der Krippenbauer und -restauratoren auch Seidenblumenbinder ansässig sind. Auch ein Besuch der Kirche **San Gregorio Armeno** bietet sich an. Danach geht man am Ende der Gasse rechts in die Via San Biagio dei Librai. Hier reihen sich imposante Stadtpaläste, darunter der **Palazzo Marigliano**, aneinander. Hat man die **Piazzetta Nilo** mit der Statue des Nilgottes erreicht, spaziert man rechts ein Stück die Via Nilo hinauf und biegt dann links in die Via de Sanctis, in der die **Cappella Sansevero** liegt. Am Ende dieser Straße breitet sich die belebte **Piazza San Domenico Maggiore** mit der gleichnamigen Kirche aus. Man folgt der Via B. Croce bis zur Piazza Gesù Nuovo, an der sich die **Chiesa di Santa Chiara** und die Jesuitenkirche **Gesù Nuovo** gegenüberstehen.

Dauer: ca. 2 Std.

ESSEN UND TRINKEN
Taverna dell'Arte

Regionaltypisch • Kleines Lokal, in dem nach historischen Rezepten der neapolitanischen Küche gekocht wird – vor allem Suppen und Fleisch. Eine Spezialität des Hauses ist der gefrorene und dann zerstoßene Basilikumlikör.

Rampe S. Giovanni Maggiore 1/a, Nähe Via Mezzocannone • Tel. 08 15 52 75 58 • So geschl. • €€

EINKAUFEN
DOLCE IDEA

Die mehrfach ausgezeichneten Produkte der Schokoladenfabrik eignen sich mit ihren ausgefallenen Geschenkverpackungen als kulinarisches Mitbringsel besonders gut.

Via Solitaria 7/8 und Via Bonito 2b (Vomero) • Mo–Sa

SERVICE
AUSKUNFT
Tourismusamt

Via Santa Lucia 107 • Tel. 0 8 12 45 74 75 • www.inaples.it

Ausflüge
◎ Cuma

Das historische Cumae wurde im 8. Jh. v. Chr. gegründet und gilt als eine der ältesten griechischen Kolonien in Italien. Auf der Höhe des Monte di Cuma liegen die Ruinen der oberen Akropolis, im Osten der Apollontempel und auf dem höchsten Plateau der zur Basilika umgestaltete Zeustempel, von dem man einen herrlichen Ausblick auf Küste und Meer hat. Zum Parco Archeologico in Cuma gehört außerdem die Orakelgrotte (**Antro della Sibilla**) der Sibylle, einer mythischen Seherin. Ausgegraben wurde die Grotte erst im Jahr 1932 von dem italienischen Archäologen Amedeo Maiuri.

Parco Archeologico di Cuma, Via Acropoli • www.culturacampania.rai.it • tgl. 9 Uhr bis 1 Std. vor Sonnenuntergang • Eintritt 2,50 €

18 km westl. von Neapel

◎ Grotta Azurra Capri (Blaue Grotte) ⚐⚐

Fähre oder Schnellboot bringen Sie in 45 Minuten mehrmals täglich von Neapel nach Capri (www.caremar.it, www.snav.it). Vom Hafen Marina Grande geht es dann mit offenen Motorbooten entlang der nördlichen Inselküste (Preis: ca. 8,50 €). Vor der Grotte helfen die sogenannten Caprifischer den Besuchern, in kleinere Ruderboote umzusteigen, um so durch die schmale Felsöffnung zu gelangen. In der Grotte schmettern sie dann – gegen ein entsprechendes Trinkgeld, versteht sich – ein gefühlvolles neapolitanisches Lied.

Tgl. 9 Uhr bis 1 Std. vor Sonnenuntergang • Eintritt 9 € (inklusive Ruderboot)

◎ Pompeji

26 100 Einwohner

Das blühende Leben der antiken Stadt Pompeji fand durch den Vesuvausbruch 79 n. Chr. ein jähes Ende. Zum Zeitpunkt der Tragödie war Pompeji eine reiche und selbstständige Hafen- und Handelsstadt, die unter einer 6 m hohen Ascheschicht begraben wurde. Bis heute ist sie noch nicht vollständig freigelegt. Man fand mehrstöckige öffentliche Gebäude, Tempel, Läden und Tavernen. Eine Vielzahl vornehmer Villen bezeugen den luxuriösen Lebensstil der Pompejaner. Die Fundstücke der älteren Ausgrabungen sind heute im **Museo Archeologico Nazionale** in Neapel (▸ S. 89) zu sehen.

Für die Besichtigung des Ausgrabungsgeländes sollte man sich wenigstens einen halben Tag Zeit lassen. Der Via Marina folgend, erreicht man das **Forum**, den von zweigeschossigen Säulenhallen gerahmten Hauptplatz der antiken Stadt, der von öffentlichen Gebäuden umgeben ist. Im Norden des Forums steht der Jupitertempel. In den dahinter liegenden Straßen befinden sich einige der sehenswertesten Gebäude Pompejis. Zunächst trifft man auf die **Terme del Foro**. Ganz in der Nähe liegt auch die **Casa del Fauno**. Hält man sich von hier aus rechts, kommt man zur **Casa del Labirinto**. Gleich daneben biegt man in die Gasse Vico dei Vettii ein, um dort die vornehm ausgestattete Villa **Casa dei Vettii** zu besuchen. Vom Forum aus kann man auch der einstigen Hauptgeschäftsstraße Via dell'Abbondanza in Richtung der neueren Ausgrabungen und des **Amphitheaters** folgen. Auf diesem Weg liegen auch die **Terme Stabiane**. Geht man von dort die Via Stabiana in südlicher Richtung,

Grotta Azurra – die Blaue Grotte (▸ S. 90): In unvergleichliches Blau taucht das vom Meeresboden reflektierte Tageslicht die Grotte im Nordwesten der Insel Capri.

gelangt man zu den beiden Theatern der Stadt. Sie konnten 5000 (Theater) bzw. 900 (Odeum) Zuschauer aufnehmen.

www.pompeiisites.org • April–Okt. 8.30–19.30 (letzter Einlass 18.30), Nov.–März 8.30–17 (letzter Einlass 15.30 Uhr) • Eintritt 11 €, Kinder frei
28 km südöstl. von Neapel

◎ Vesuv 🔟

Der einzige heute noch tätige Vulkan auf dem europäischen Festland beherrscht mit seiner typischen Silhouette den Golf von Neapel. Nach dem letzten Ausbruch 1944 verschwand die Rauchfahne über dem Vesuv, bislang sein charakteristisches Merkmal. Als Zeichen seiner fortdauernden Aktivität blieben lediglich die rauchenden Fumarolen, die einen leichten Schwefelgeruch verströmen und zwischen 80 und 500 Grad heiß sind.

Auf den Vesuv gelangt man am besten von Ercolano oder Torre del Greco aus; am einfachsten ist es, wenn Sie sich einer geführten Tour anschließen. Die Straße führt vorbei an Pizzerien und Restaurants und zieht sich dann in immer enger werdenden Kurven durch Weingärten, weiter oben durch Ginsterwälder und Pinienhaine, vorbei am erstarrten Lavastrom von 1944, bis auf ca. 1000 m Höhe. Hier befindet sich der Parkplatz, und nun geht es nur noch zu Fuß weiter (ca. 30 Min.). Doch die Anstrengung lohnt sich: Vom Kraterrand hat man bei klarem Wetter und vor allem in den Morgenstunden einen atemberaubenden Blick über den gesamten Golf.

Eintritt zur Besichtigung des Kraterrandes 6,50 €
Ca. 25 km südöstl. von Neapel

SIZILIEN

Selten ist man den europäischen Ursprüngen so nah wie auf Sizilien, der einstigen Grenze zwischen Morgen- und Abendland. Die Griechen und Römer rangen mit den Karthagern um den Besitz der Insel; ihre Eigenständigkeit gaben die Sizilianer jedoch nie auf. Und heute ist die Insel so reich an Geschichte und Kultur, dass sie wie ein ganzer Kontinent im Kleinen wirkt.

Messina

280 000 Einwohner

Der gleichnamigen Meerenge verdankt die Stadt ihre Bedeutung. Messina war von jeher eine strategisch wichtige Hafenstadt: Die Lage am **Stretto**, der Meerenge, und der sichelförmige Naturhafen waren wie geschaffen für eine Stadtgründung.

HAFEN

Der Hafen von Messina liegt zentral in der Stadt, die Sehenswürdigkeiten sind zu Fuß zu erreichen.

SEHENSWERTES
Duomo

Der 1197 unter Roger II. geweihte Normannendom, der dem großen Erdbeben von 1908 und einer Brandbombe 1943 zum Opfer fiel, ist ein Musterbeispiel des Wiederaufbaus. Der Dom in der Form einer Basilika birgt die mit 170 Registern und rund 16 000 Pfeifen größte Orgel Italiens.
Piazza del Duomo • tgl. 9–18 Uhr

MUSEEN
Museo Regionale di Messina

Hier dreht sich alles um die Kunst des 12. bis 18. Jh. Herausragend sind zwei Gemälde von Caravaggio.

Viale Libertà 465 • Di–Sa 9–13.30,
Di, Do, Sa auch 15–17.30, So 9–
13 Uhr • Eintritt 6 €, Kinder 3 €

ESSEN UND TRINKEN

Piero

Gastronomischer Anspruch • Seit
1962 wird in dem Familienbetrieb
klassische italienische Küche serviert.
Via Ghibelina 119 •Tel. 09 06 40
93 54 • €€€

Ausflüge

◎ Catánia

400 000 Einwohner

In der zweitgrößten Stadt Siziliens
brodelt das Leben. Die Vergangenheit der ostsizilianischen Metropole
ist von Erdbeben und Ausbrüchen
des Ätna gezeichnet.
94 km südl. von Messina

SEHENSWERTES

Duomo di Sant' Agata

Im Kern geht der dreischiffige Dom
zwar auf die Normannenzeit zurück,
doch nach dem großen Erdbeben
von 1693 wurde das beschädigte
Gotteshaus in die barocke Umgestal-
tung des Stadtbildes mit einbezogen.
Piazza del Duomo • tgl. 9–13, 16–
19 Uhr

SPAZIERGANG

Die **Porta Uzeda**, ein prächtiges
Barocktor von 1696, markiert den
Wiederaufbau der vom Erdbeben
zerstörten Stadt. Das Tor trennt den
Domplatz vom Hafenviertel mit
dem **Castello Ursino**. Von der Porta
Uzeda sind es nur wenige Schritte
bis zur **Piazza del Duomo**, die von
Rathaus und Dom begrenzt wird.
Inmitten des Platzes steht Catánias
Wahrzeichen, die **Fontana dell' Ele-
fante,** der Elefantenbrunnen.

Werktags bietet sich ein Besuch des
Fischmarktes an, bevor es entlang
der Via Vittorio Emanuele II weiter
bis zum **Teatro Romano** geht. Ein
Stück die Straße zurück kommt man
zur Piazza San Francesco. Dort befindet sich der Eingang zum **Museo
Belliniano**, dem Geburtshaus des
Opernkomponisten Vicenzo Bellini,
wie auch zum **Museo Emilio Greco**.
Von der Piazza San Francesco ver-
läuft die barocke Prachtstraße **Via
Crociferi** in Richtung Norden. Über
die Via Antonino di Sangiuliano gelangt man zu der von Geschäften
gesäumten **Via Etnea**, der Haupt-
schlagader Catánias.
An der Piazza Stesicoro ist ein kleiner freigelegter Teil des **Anfiteatro
Romano** zu sehen, das mit einer
Ausdehnung von 125 x 105 m zu den
größten des Römischen Reiches gehörte und 700 Menschen Platz bot.
Es stammt aus dem 2. Jh. Der Via
Etnea weiterhin folgend kommt man
am Stadtpark **Villa Bellini** vorbei.
Noch ein Stück weiter nördlich befindet sich der **Orto Botanico** mit
exotischen Pflanzen.
Dauer: 4 Std.

ESSEN UND TRINKEN

Osteria I Tre Bichieri

Vornehmer Rahmen • Kreative
mediterrane Küche wird auf hohem
Niveau serviert.
Via San Giuseppe a Duomo 31 •
Tel. 09 57 15 35 40 • www. osteria
itrebichieri.it • So. geschl. • €€€

EINKAUFEN

Bei der Porta Uzeda taucht man ein
in das von Feilschen und Stimmen-
gewirr untermalte Gedränge der
Pescheria. Der Fischmarkt gehört
zum Sightseeing-Pflichtprogramm.

◎ Etna (Ätna)

Der Ätna, der größte Vulkan Europas, dessen Silhouette den Osten Siziliens dominiert, schlummert nicht: Zwischen zehn und 20 größere Ausbrüche werden pro Jahrhundert gezählt. Auf dem Weg bis zum Gipfel durchfährt man die unterschiedlichsten Vegetations- und Klimazonen. In der fruchtbaren Ebene gedeihen Orangen- und Zitronenbäume, ein bisschen höher wird Gemüse und Wein angebaut, weiter oben bestimmen Kastanienwälder das Landschaftsbild. In den höheren Lagen wachsen Ginster und Wacholder, in der Gipfelregion fast ausschließlich Flechten.

Von der Nord- und der Südseite aus werden Jeep-Exkursionen bis auf rund 2900 m Höhe angeboten (pro Person 50–75 €). Vom Rifugio Sapienza führt eine Seilbahn bis zur 2600 m hohen Bergstation La Montagnola (20 €). Sich dem Gipfel ohne sachkundige Führung zu nähern ist lebensgefährlich.

90 km südl. von Messina

◎ Góla dell'Alcántara

An der Nordflanke des Ätna hat der Alcántara-Fluss eine atemberaubende, über 20 m tiefe Schlucht in das Basaltgestein gegraben. Eine Erkundung der Schlucht erfordert einige Überwindung, da die Wassertemperaturen selbst im Hochsommer nicht über 12 °C klettern. Als Belohnung winkt ein grandioses Naturerlebnis. Wer will, kann mit dem Aufzug (2,50 €) bequem in die Schlucht hinunterfahren. Gummistiefel, die bis zur Hüfte reichen, können beim Parkplatz für 5 € ausgeliehen werden.

60 km südl. von Messina

◎ Taormina

11 000 Einwohner

Seit sich Sizilien als klassisches Reiseziel etabliert hat, führt kein Weg an Taormina vorbei. Schon nach kurzer Zeit hält der einzigartige Charme des malerischen Städtchens jeden Besucher gefangen.

52 km südl. von Messina

SEHENSWERTES

Teatro Greco 👫

Der Blick vom Griechischen Theater auf den Ätna ist – vor allem am Morgen – unbeschreiblich schön. Das Wahrzeichen Taorminas wurde im 3. Jh. v. Chr. errichtet. Sein heutiges Aussehen erhielt es allerdings erst rund 400 Jahre später, als die Römer das Bauwerk für Gladiatorenkämpfe nutzen wollten. Mit einem Durchmesser von 109 m ist es das zweitgrößte Theater Siziliens und soll einst 30 000 Zuschauern Platz geboten haben. In den Sommermonaten kann man sich bei einer der regelmäßig stattfindenden Aufführungen von der hervorragenden Akustik überzeugen. Direkt ans Teatro Greco schließt sich das **Antiquarium** an. Das kleine archäologische Museum präsentiert Funde aus Taormina und der Umgebung.

Tgl. von 9 Uhr bis 1 Std. vor Sonnenuntergang • Eintritt 6 €, Kinder 3 €

SPAZIERGANG

Der **Corso Umberto**, die verkehrsbefreite Hauptflaniermeile Taorminas, erstreckt sich in einem leichten Bogen von der Porta Messina bis zur Porta Catánia, quer durch die Stadt. Ein kleines Stück hinter der Porta Messina befindet sich der **Palazzo Corvaia**, ein weitgehend im gotisch-katalanischen Stil errichteter Adels-

Energisch bringt sich der Etna (▸ S. 94) immer wieder in Erinnerung. Seine karge Schönheit lässt sich am besten auf einer Wanderung bewundern.

palast, der heute das städtische Verkehrsbüro beherbergt. Schräg hinter dem Palazzo liegt das **Odeon**. Das Theater, ein kleiner Ziegelsteinbau, stammt aus der römischen Kaiserzeit. Weit imposanter ist das am Ende der Via Teatro Greco gelegene **Teatro Greco**. Schlendert man den Corso weiter entlang, so stößt man auf die **Aussichtsterrasse** Piazza IX Aprile. Dort steht die **Chiesa Sant' Agostino**, die ein schön gearbeitetes gotisches Portal besitzt. Kurz darauf verbreitert sich der Corso zur Piazza del Duomo. Der **Duomo San Nicola** stammt aus dem 13. Jh., wurde später aber mehrfach umgebaut.
Dauer: 2 Std.

ESSEN UND TRINKEN
Grotta Azzurra

Sizilianische Fischküche • Das Restaurant ist auf Meeresfrüchte (fangfrisch) spezialisiert. Schmackhaft ist auch das Vorspeisenbüfett. Via Bagnoli Croci 2 • Tel. 0 94 22 35 05 • www.ristorantegrottaazzurra taormina.com • €€

Im Fokus

Andromeda und Kassiopeia

Die Sagengestalten der klassischen Antike helfen noch heute bei der Orientierung am Sternenhimmel.

Die alten Griechen ordneten das Himmelsgewölbe neu. Als Insel- und Seefahrervolk verfügten sie immer und überall über einen weiten Horizont. Kenntnisse der Astronomie waren für die Navigation unerlässlich.

Homers Sternenhimmel

Schon Homer erzählt, dass der Held Odysseus sein Floß nach den Sternbildern steuerte. In der klassischen Übersetzung der Odysee von Johann Heinrich Voss aus dem Jahre 1781 liest sich das folgendermaßen (5. Gesang, 269 ff.): »Freudig spannte der Held im Winde die schwellenden Segel. Und nun setzt' er sich hin ans Ruder und steuerte künstlich über die

Flut. Ihm schloss kein Schlummer die Augen, auf die Pleiaden gerichtet und auf Bootes, der langsam untergeht, und den Bären, den andre den Wagen benennen, welcher im Kreise sich dreht, den Blick nach Orion gewendet, und allein von allen sich nimmer im Ozean badet.« Odysseus hatte den Blick also auf den nördlichen Sternenhimmel gerichtet, auf das Sternbild der Pleiaden (das Siebengestirn), den Bootes, den Bärenhüter und den Großen Wagen.

Die Griechen organisierten ihren Himmel in vier Sagenzyklen: Perseus, Herakles, Kallisto und Orion. Der Homer-Übersetzer Wolfgang Schadewaldt hat die Sagen, die sich um diese vier

◄ Das Sternbild Kassiopeia wird auch »Himmels-W« genannt.

mythologischen Gestalten ranken, in dem Buch »Sternsagen« (Insel TB) wunderbar nacherzählt.

Ptolemäisches und kopernikanisches Weltbild

Bedeutendster Astronom der Antike war der aus dem ägyptischen Alexandria stammende Grieche Ptolemäus, der als Bibliothekar an der berühmten Bibliothek in Alexandria wirkte. In seinem Hauptwerk zur Mathematik und Astronomie, der »Megiste Syntaxis« (»Größte Zusammenstellung«), von den Arabern, den anderen bedeutenden Astronomen der Antike, »Almagest« genannt, beschreibt er im 2. Jh. n. Chr. das geozentrische Weltsystem, das erst 1543 von Kopernikus' aufgestelltem heliozentrischen Planetensystem abgelöst wurde.

Orientierung am Himmel

Sternbilder sind Sternkonstellationen. Im Jahre 1928 wurde die Bezeichnung der Sternbilder verbindlich mit lateinischen Namen festgelegt. In jedem Schulatlas gibt es zwei Sternkarten, die jeweils den Himmel Richtung Norden und den Himmel Richtung Süden zeigen. Um in die Sterne schauen zu können, ist also nur ein alter Schulatlas und ein Kompass nötig. Damit können Sie feststellen, wo Norden liegt.

Mittelpunkt des nördlichen Sternhimmels ist der Polarstern. Er ist der hellste Stern der Kleinen Bärin (Ursa Minor). In einer Achse darüber, sprich Richtung Süden (steht man Richtung Norden und legt den Kopf in den Nacken, dann bewegt sich der Blick Richtung Süden, also ist auf den Stern-

karten im Unterschied zu Landkarten der Süden oben), kommt erst das Sternbild Kepheus, dann Kassiopeia und darüber Andromeda, alle drei Gestalten tauchen im antiken griechischen Perseus-Mythos auf.

Die Geschichte des Perseus

Perseus, der Sohn des Zeus und der Danae, machte sich auf und schlug nach allerlei trickreichen Finten und, wie immer in der griechischen Sage, mithilfe der Götter der fürchterlichen Medusa, einer der drei Gorgonen, den Kopf ab. Auf dem Heimweg lernte er Andromeda, die Tochter des äthiopischen Königs Kepheus und der Kassiopeia, kennen. Kassiopeia hatte den Zorn des Meergottes Poseidon auf sich gezogen, als sie behauptete, sie sei schöner als die Nereiden, die im Meer lebenden Wassernymphen, die Töchter des Nereus. Daraufhin sandte der Meeresgott Poseidon ein Seeungeheuer und eine Überschwemmung. Um die Götter zu versöhnen, ließ Kepheus seine Tochter Andromeda kurzerhand an einen Felsen am Meer schmieden. Perseus befreite Andromeda, und Kepheus gab sie ihm zur Frau. Später wurde Andromeda von der Göttin Athena unter die Sterne versetzt. Andromeda ist jedoch nicht nur am Sternenhimmel zu bewundern, sondern auch in einem Wandgemälde aus Pompeji aus der »Casa dei dioscuri«, das in Neapel im Museo Archeologico Nationale zu bewundern ist.

Am leichtesten zu erkennen ist am nördlichen Sternhimmel das Sternbild der Großen Bärin (Ursa Maior), das auch unter der Bezeichnung Großer Wagen oder Himmelswagen bekannt ist. Dieses Sternbild befindet sich direkt unterhalb des Polarsterns.

Malta
Der kleine Inselstaat trumpft mit barocker Ritterarchitektur und steinzeitlichen Tempelbauten auf. Für Flair sorgt die Mischung aus englischem Understatement und südländischer Lebenslust.

◀ Die Festungsstadt Valletta (▸ S. 99) mit dem Grand Harbour im Vordergrund.

Im Herzen des Mittelmeers liegt Malta, einst Bollwerk der Kreuzritter, später britische Kolonie, heute gelungene Mischung aus mediterraner Lebensart und englischem Understatement. Die vielen Sprachschüler sorgen in Valletta, der Inselhauptstadt, für eine quirlige Atmosphäre. Einen schönen Gegensatz dazu bildet »die stille Stadt« Mdina, die ehemalige Kapitale.

Valletta

7000 Einwohner
Stadtplan ▸ S. 148/149

Valletta ist eine junge Stadt. Schon ein Bummel über die Republic Street zum **Großmeisterpalast** zeigt deutlich den Charakter der Stadt. Die Straßen sind im Schachbrettmuster angelegt; ein Verlaufen ist unmöglich. Kirchen und Paläste kontrastieren zum kriegerischen Äußeren, zeigen Prunk und Wohlstand. Das Auf und Ab der Straßen wird von mehrgeschossigen Wohnhäusern gesäumt, Holzerker sind für die verwitterten Fassaden farbige Tupfer.

HAFEN

Die Kreuzfahrtschiffe machen an den Pinto Wharves an der Nordwestseite des Hafenbeckens fest. Die Buslinie 98 verbindet das Cruise Terminal mit dem City Bus Terminal unmittelbar vor dem City Gate von Valletta (Fahrzeit ca. 10 Min., ca. 0,50 €).

SEHENSWERTES

Fort St. Elmo ▸ S. 149, E/F, 1/2

Das Fort, zwischen 1552 und 1553 von den Johannitern ausgebaut, beherbergt heute die maltesische Freiwilligenarmee und das **Nationale Kriegsmuseum.** An 30 Sonntagen im Jahr findet eine einstündige Parade von etwa 80 Soldaten in historischen Uniformen und Rüstungen aus der Ritterzeit statt.

Tgl. 9–17 Uhr • Eintritt 6 € •
Paraden: So 11 Uhr, Termine unter
www.maltafestivals.com • Eintritt 5 €

Grandmaster's Palace

▸ S. 148, C 3

Oberhaupt des Johanniterordens war ein auf Lebenszeit gewählter Großmeister. Er wurde von den Fürstenhäusern Europas als unabhängiger Souverän, als Landesherr Maltas, anerkannt. Entsprechend prächtig fiel sein Palast an der Republic Street aus.

Das Gebäude stammt aus der zweiten Hälfte des 16. Jh. Zwei Eingänge führen von der Republic Street auf zwei miteinander verbundene, große grüne Innenhöfe; der Besuchereingang liegt jedoch an der Merchants Street. Am hinteren Ende des Neptunhofes erreicht man über eine Treppe die Säle der **Waffenkammer.** Vom Prinz-Alfred-Hof führt eine Treppe hinauf in die **Staatsgemächer.** Interessant sind die Deckengemälde und Fresken.

– Waffenkammer (Armoury):
tgl. 9–17 Uhr
– Staatsgemächer (State Rooms):
Fr–Mi 10–16 Uhr
Fr–Mi nur Kombitickets (10 €) erhältlich, Do nur Waffenkammer (6 €)

St. John's Co-Cathedral

▸ S. 148, C 3

Die Barockkirche aus den Jahren 1573 bis 1577 war die Hauptkirche des Johanniterordens. In ihr sind über 400 Ritter beigesetzt. Ihre kunstvoll gestalteten Grabplatten aus verschiedenfarbigem Marmor bedecken den gesamten Kirchenboden und viele Nebenräume. Der größte Schatz des **Museums** ist ein 1608 entstandenes Altarbild von Michelangelo di Caravaggio im Oratorium, »Die Enthauptung Johannes des Täufers«.

Republic Street • Mo–Fr 9.30–16.30, Sa 9.30–12.30 Uhr • Eintritt 6 €

Eindrucksvoll: Fensterstein der Tempelanlage von Hagar Qim (▶ S. 101).

Valletta Waterfront

▶ S. 148, südl. A 4

Neben dem neuen Kreuzfahrten-Terminal wurden zahlreiche alte Lagerhäuser restauriert, die jetzt als Cafés, Bars, Restaurants und Geschäfte genutzt werden. Mit traditionellen Bootstaxis sind Rundfahrten im Grand Harbour und das Übersetzen nach Vittoriosa auf der anderen Seite des Grand Harbour möglich.

MUSEEN

National Museum of Archaeology ▶ S. 148, B 3

Das National Museum of Archaeology ist im ehemaligen »Palast der Ritter der Provence« untergebracht. Es beherbergt viele interessante Funde aus der Zeit der Tempelbauer.

Republic Street • tgl. 9–19 Uhr • Eintritt 5 €

The Knights Hospitallers 👥

▶ S. 149, E 2

In den Kellergeschossen des alten Ordenshospitals werden mithilfe originaler Gegenstände die verschiedenen Aspekte des Krankenhauswesens der Ritterzeit dargestellt.

Sacra Infermeria • tgl. 9.30–17 Uhr • Eintritt 4 €

SPAZIERGANG

Stadtplan ▶ S. 148/149

Vom **City Gate** geht man zunächst die Republic Street hinunter. Man kommt am Archäologischen Museum vorbei zur **St. John's Co-Kathedrale**. Der Markt auf dem Kirchplatz setzt sich auf der Merchants Street fort, von der aus man auf den Great Siege Square und die Republic Street zurückkehren sollte. Die Cafés am und auf dem **Republic Square** sind schön für eine Rast, bevor es weitergeht zum **Großmeisterpalast**. Wer Maltas einst verrufenen, heute aber harmlosen Rotlichtbezirk sehen möchte, macht einen kurzen Schlenker durch die **Strait Street** und folgt dann wieder der Republic Street bis zum **Fort St. Elmo** mit dem Kriegsmuseum. Von hier ist es nicht weit zur **Sacra Infermeria** und zur Multivisionsschau **Malta Experience**. Frische Luft schnappen kann man hinterher in den **Lower Barracca**

Gardens, wo seit 1992 auch ein Denkmal zur Erinnerung an den Zweiten Weltkrieg steht. Danach geht es über die Archbishop Street wieder bergan zum Großmeisterpalast und von dort am **Manoel Theatre** vorbei zur Kirche **Our Lady of Mount Carmel** mit eindrucksvoller Kuppel. Ein schöner Blick auf den **Marsamxett Harbour** eröffnet sich schließlich von der **St. Salvatore** und der **St. Andrew's Bastion** aus. Dauer: 5–6 Std.

ESSEN UND TRINKEN

Cocopazzo   ▸ S. 148, B 3

Lasagne-Alternativen • Das Restaurant serviert kreative maltesisch-mediterrane Küche.
South Street (Valletta Buildings) • Tel. 21 23 57 06 • tgl. Mo–Sa 11.45–14.30, tgl. 18.30–22 Uhr • €€

EINKAUFEN

Malta Crafts Centre   ▸ S. 148, C 3

Ausstellung maltesischen Kunst- und Kleinhandwerks.
St. John's Square • 16. Juni–30. Sept. Mo–Fr 9–13.30, 1. Okt.–15. Juni Mo–Fr 9–12.30 und 15–17 Uhr

SERVICE

Malta Tourism Authority Valletta   ▸ S. 148, B 4

1 City Gate Arcades • Tel. 0 03 56/22 91 50 00 • www.visitmalta.com • Mo–Sa 9–17.30, So 9–13 Uhr

Ausflüge
◎ Hagar Qim

Diese steinzeitliche Tempelanlage beim Dorf Qrendi liegt besonders schön. Wenn man nur einen Tempel auf Malta besuchen will, sollte es dieser sein. Er entstand in zwei Phasen um 3500 und um 2800 v. Chr. und besteht aus mehreren Räumen, die von einer gemeinsamen geschwungenen Fassade eingefasst sind. Geht man um den Tempelkomplex einmal herum, fallen in der Fassade zwei besonders mächtige **Megalithen** (Großsteine) auf.

Der **Haupteingang** ist noch sehr gut erhalten. Er wird links und rechts von je einer Reihe von drei senkrecht stehenden Megalithen gebildet, über die eine riesige Deckplatte gelegt wurde. Auffällig sind auch die sogenannten **Fenstersteine.** Das sind senkrecht stehende Steine, in die ovale Löcher eingeschnitten wurden, durch die ein Mensch gerade hindurchsteigen kann. Sie dienten offenbar dazu, den Zugang zu besonderen Räumen des Tempels geheimnisvoller und damit vielleicht heiliger zu gestalten. Im »Raum für Gläubige« wird vorstellbar, wie zumindest ein Teil des Tempeldaches konstruiert wurde. An diesen Raum schließt sich eine kleine Kammer an, die mit diesem nur durch ein kleines Loch in Verbindung steht. Man vermutet, dass in dieser Kammer eine Priesterin saß, die den Pilgern durch dieses Loch ein Orakel verkündete.

Die »Steine des Gebets«, wie Hagar Qim übersetzt heißt, sind nicht der einzige Tempelkomplex in diesem Gebiet. Nur 10 Minuten entfernt liegen die **Tempel von Mnajdra.**
Tgl. 9–17 Uhr • Eintritt mit Mnajdra 9 €
15 km südl. von Valletta

◎ Mdina

258 Einwohner

Die Perle unter Maltas Städten, das von Mauern umgürtete Mdina, liegt weithin sichtbar in der Mitte der Insel. Mdina wirkt wie ein Freilichtmuseum, obwohl in seinen Mauern noch fast 300 Menschen leben. Der Ort ist nahezu autofrei und für maltesische Verhältnisse so ruhig, dass man Mdina die »Stille Stadt« nennt.

13 km westl. von Valletta

SEHENSWERTES

Cathedral of St. Peter and St. Paul

Die Peter und Paul geweihte Kathedrale ist ein Werk des maltesischen Architekten Lorenzo Gafà. Sie entstand zwischen 1697 und 1702. Für die Gläubigen ist ein Kreuz neben dem Hauptaltar besonders wichtig. Kreuzritter Gottfried von Bouillon soll es 1099 bei der Eroberung Jerusalems getragen haben. Es kam später in den Besitz der Johanniter, die es von Rhodos nach Malta herüberretteten.

St. Paul's Square • Mo–Fr 9.30–16.30, So 9.30–15.30 Uhr

MERIAN-Tipp 9

FONTANELLA TEA GARDENS

Einer der schönsten Aussichtspunkte der Insel sind die Fontanella Tea Gardens auf der Stadtmauer von Mdina. Zum Panoramablick über die Insel werden feine maltesische Kuchen und Gebäck serviert.

Mdina, Bastion Street • im Sommer Mo–Fr 10–23, Sa, So 10–20 Uhr, im Winter 10–18 Uhr

---

St. Paul's Catacombs

Die größte unterirdische Grabanlage Rabats, mit dem Mdina nahtlos verschmolzen ist, wirkt wie ein Labyrinth. Von einer großen, aus dem Fels gehauenen Halle aus führen zahlreiche Gänge an Grabkammern im Boden und in den Wänden vorbei. Sie waren die letzte Ruhestätte des »Durchschnittsvolkes«. Einige besonders wohlhabende Familien ließen für Tote aber auch Baldachingräber errichten. Eine Besonderheit sind die steinernen, kreisrunden Agape-Tische, an denen sich die Angehörigen der Toten zu sogenannten Liebesmählern versammelten.

Rabat, Triq Sant' Agata • tgl. 9–17 Uhr • Eintritt 5 €

SPAZIERGANG

Man betritt Mdina durch das Hauptstadttor und sieht gleich linker Hand den **Torre dello Stendardo,** einen Flaggenturm der Ritter aus dem frühen 16. Jh. Ihm gegenüber erhebt sich der **Vilhena-Palast** aus dem Jahre 1730, in dem heute ein naturgeschichtliches Museum untergebracht ist. Gleich darauf biegt die Hauptgasse vor einem Benediktinerinnen-Kloster aus dem 17. Jh. nach links ab und wendet sich sogleich wieder nach rechts. Jetzt steht man auf der Hauptstraße Mdinas, der Villegaignon Street. Sie führt vorbei an alten Adelspalästen wie dem **Palazzo Inguanez** und dem **Palazzo Gatto Murina** aus dem 14. Jh. sowie dem alten Rathaus Mdinas, der Banca Giuratale zum Kathedral-Platz mit der **Kathedrale** und dem **Kathedral-Museum.** Dann folgen an der Villegaignon Street der **Palazzo St. Sophia,** dessen Unterbau bereits von 1233 stammt, und der

Zwischen den Häusern der ehemaligen Inselhauptstadt Mdina (▸ S. 102) tobt kein Autoverkehr, weshalb sie auch die »Stille Stadt« genannt wird.

Palazzo Costanzo, der heute als Restaurant dient. Dem Palast gegenüber erheben sich die Mauern eines **Karmeliter-Klosters**. Wenige Schritte weiter folgt das **Normannische Haus**, dessen Alter strittig ist. Manche datieren zumindest das Untergeschoss in die Zeit um 1100 zurück, andere meinen, der ganze Bau sei erst um 1500 entstanden. Die Villegaignon Street mündet in den **Bastionsplatz** (Bastion Square) auf einer der ehemals fünf Bastionen der Stadt. Von hier aus hat man einen prächtigen Blick über die Insel.
Dauer: 2–3 Std.

◎ Tarxien

Der meistbesuchte Tempel der Insel ist mit seinen sechs Einzeltempeln die größte **Tempelanlage** der Republik Malta und stammt aus der Zeit zwischen 3800 und 2800 v. Chr. Die hier entdeckten Fundstücke sind im National Museum of Archeology (▸ S. 100) ausgestellt.

In Tarxien lässt sich das **Bauprinzip** der meisten maltesischen Tempel gut erkennen. Sie sind in etwa nierenförmig, bestehen aus einem rechteckigen Zentralraum und zwei Nebenräumen. In diesen Tempeln stand eine Reihe verschiedenartig geformter **Altäre**. Auch die Kopie einer ursprünglich 3 m hohen Monumentalstatue der Magna Mater steht in den Tempeln von Tarxien. Nur ihre untere Hälfte bis hinauf zur Hüfte ist gefunden worden. Auffällig sind im Tempelkomplex von Tarxien außerdem große runde **Steinschalen,** die vielleicht für rituelle Waschungen, vielleicht aber auch zur Aufnahme des Blutes von Opfertieren dienten, sowie zwei senkrecht stehende Steinplatten.
Tgl. 9–17 Uhr • Eintritt 6 €
6 km von Valletta

Tunesien
Orientalische Exotik und aufregende Fremdartigkeit verspricht das Land am Rande der Sahara. Die Faszination Tunesiens verbindet sich mit ausgeprägter Gastfreundschaft, die jeden Besucher bezaubert.

◄ Über den Dächern von Tunis (► S. 105): Dachterrasse mit Blick auf die Zitouna-Moschee, das Wahrzeichen der Stadt.

Blau, grün, braun – das blaue Meer, die grünen Wälder und der Sand der Sahara sind gleichsam ein Symbol für die vielen Gesichter Tunesiens. Morgenland und Abendland, Orient und Okzident treffen hier aufeinander, vor allem in der gemütlichen Metropole Tunis. Und dann ist da noch die Freundlichkeit der Menschen und die jahrhundertealte Tradition der Gastfreundschaft, die dem Besucher schnell das Gefühl geben, herzlich willkommen zu sein.

Tunis

985 000 Einwohner

Die Geschichte von Tunis ist so alt wie das Land. Die geografisch einmalige Lage an der leicht zu schützenden Bucht und der schnelle Zugang zum Land boten den idealen Platz zu einer Ansiedlung. Als arabische Stämme 692 Karthago zerstörten, erlebte Tunis eine Blütezeit, die 300 Jahre später mit einem Angriff arabischer Aufständischer ein abruptes Ende fand. Erst mit Beginn der Hafsiden-Dynastie 1229 begann der unaufhaltsame Aufstieg zur Metropole. Der Ausbau zur Hauptstadt begann zügig erst mit der französischen Kolonialzeit. Heute ist Tunis der politische, ökonomische und kulturelle Mittelpunkt des Landes.

HAFEN

Kreuzfahrtschiffe legen im neuen Hafen des Fischerortes La Goulette, 15 km nördlich von Tunis, an. Ein Taxi nach Tunis kostet zehn Dollar. Es besteht auch eine Zugverbindung (TGM) von La Goulette nach Tunis.

SEHENSWERTES

Ez Zitouna (Ölbaummoschee)

Der Grundstein zur Moschee wurde 698 gelegt, im selben Jahr, in dem Tunis gegründet wurde. 200 Jahre später wurde sie von dem Aghlabiden-Herrscher Ibrahim Ibn Ahmed völlig neu aufgebaut. Sie ist die nach der Großen Moschee in Kairouan größte und wichtigste Moschee Tunesiens. Im Mittelalter avancierte die der Moschee angeschlossene Universität zu einer der bedeutendsten religiösen Lehrstätten des Islam, die alte Bibliothek verfügt auch heute noch über eine riesige Sammlung arabischer Literatur.

Sa–Do 8–14 Uhr • Eintritt 4 tD (auch für alle anderen Sehenswürdigkeiten der Medina gültig)

Tourbet El-Bey

Das Mausoleum, unweit des Palastes Dar Othman gelegen, stammt aus der Zeit der osmanischen Herrschaft (Ende 18. Jh.), was noch deutlich an den steinernen Turbanen erkennbar ist, die die Grabstelen schmücken.

MUSEEN

Musée du Bardo 🔟

Das bedeutendste Museum Tunesiens und eines der wichtigsten Afrikas in einem zum einstigen Palast des Bey von Tunis gehörenden Haus (hier war der Harem untergebracht) enthält Mosaiken aus dem römischen Tunesien von berückender Schönheit. Im mehrstöckigen Museum sind Exponate aus allen Epochen der Landesgeschichte, von den Numidiern (Berbern) bis in die späte osmanische Zeit, ausgestellt.

Av. du 2 Mars 1934 • Mai–Okt. tgl. 9–17, Nov.–April tgl. 9.30–16.30 Uhr • Eintritt 3 tD

MARCHÉ CENTRAL IN TUNIS

Nach aufwendiger Renovierung erstrahlt die Markthalle von Tunis in neuem Glanz. Mit einer gelungenen Mischung von traditioneller und moderner Architektur entstand Tunesiens schönster Markt. Unverändert blieb das bunte Angebot an regionalen Früchten und Gemüse. Orientalische Stimmung verbreiten die Händler in der Fischhalle, die bis zum Mittag mit erheblichem Stimmaufwand ihre Produkte aus dem Meer anbieten.

SPAZIERGANG

Der Spaziergang führt durch das Viertel **Halfaouine**. Um den berühmten volkstümlichen Stadtteil kennenzulernen, fährt man mit der Metro von der Haltestelle direkt hinter der Kathedrale bis **Bab El-Khadra** (2. Haltestelle), läuft dann in Fahrtrichtung, biegt nach nur wenigen Minuten in die erste Straße links, die Rue de miel (Honig-Straße), ein und passiert das noch rudimentär erhaltene Tor **Bab El-Assal** (Honig-Tor), wo einst der Honig aus der Umgebung verzollt und in die Stadt gebracht wurde.

Nach ca. 500 m führt linker Hand ein kreuzgangartiger Souk zum Platz **Halfaouine** mit der imposanten **Großen Moschee.** Der uralte Platz hat viel von seinem einstigen Charme behalten. Der Weg geht weiter durch den offenen **Markt** des Viertels, der alles bietet, was Küche, Koch und Haushalt brauchen. Am Ende der Marktstraße erreicht man den Platz **Bab Souika**, das zweite Herzstück von Halfaouine. Am linken Ende, direkt neben der Polizeistation, führt die Rue Mongi Slim wieder zurück zur Porte de France. Dauer: ca. 1,5 Std.

ESSEN UND TRINKEN

Chez Nous

Beliebt bei Einheimischen • Restaurant im Stil einer Künstlerkneipe mit preiswertem, sehr gutem Menü. 5, rue de Marseille • Tel. 71 24 30 43 • €

Rue Le Caire

In dieser Querstraße der Habib Bourguiba (gegenüber dem Hotel Africa) laden vier blitzsaubere Restaurants (**Le Sfax**, **Le Repas**, **Le Sfaxien**, **Le Caire**) zu original tunesischer Küche ein. Die Lokalitäten sind bei Einheimischen sehr beliebt und ausgesprochen preisgünstig.

SERVICE

AUSKUNFT

ONTT

1, av. Mohamed V • Tel. 71/34 10 77 • www.tunesien.info

Ausflüge

◎ Karthago (Carthage)

Karthago ist das Zentrum der politischen Macht Tunesiens. Hier befindet sich der Palast des Präsidenten, und hier stehen die Villen der Mächtigen und Reichen. Trotz der Niederlage im Kampf gegen Rom hat der Name Karthago auch nach Jahrtausenden nichts von seiner Faszination eingebüßt. Dabei ist von der punischen Epoche kaum noch etwas zu sehen. Die antiken Ruinen liegen weit verstreut und stammen meist aus der römischen Epoche.

16 km nordöstl. von Tunis

SEHENSWERTES

Byrsa

Den Rundgang durch Karthago beginnt man am besten an der ehemaligen Kathedrale mit wunderbarem Blick über alle Ausgrabungen hinweg aufs Meer. Glanzpunkte sind die gewaltige Basilika und das nicht minder große Kapitol.

Theater

Das von Kaiser Antoninus gebaute Theater bot einst 5000 Zuschauern Platz. Es war überdacht und mit prächtigen Statuen dekoriert.

Thermen des Antoninus

Die Thermen sind die beliebteste Besucherattraktion in Karthago. Sie liegen am Meer und wurden im 2. Jh. n. Chr. eröffnet. Von den reichen Bürgern der Stadt in Auftrag gegeben, sind sie Zeugnis des Wohlstands der Stadt. In unmittelbarer Nähe im **Archäologischen Park** liegen sehenswerte Ruinen aus römischer und byzantinischer Zeit.

◎ Sidi Bou Saïd

Wenn man zu dem an einem Berghang gelegenen Städtchen hinaufwandert, tritt man in eine Traumwelt aus 1001 Nacht ein, woran auch die vielen Touristenbusse nichts ändern können. Am besten weicht man in die Nebenstraßen aus und entdeckt die Schönheiten der weißen Häuser mit den hellblauen Farbtupfern der Erker, der Fenster und der nietenbeschlagenen Holztüren. Der deutsche Maler **August Macke** hat das **Café des Nattes** weltberühmt und damit unsterblich gemacht. Man stößt darauf, wenn man die Hauptstraße hinaufläuft. Von der kleinen Terrasse genießt man einen einzigartigen Ausblick über die Bucht von Tunis.
16 km nordöstl. von Tunis

Perfekter Ort für »Shisha« und »Thé à la menthe«: das Café des Nattes in Sidi Bou Saïd (▸ S. 107), das der Maler August Macke in seinem Bild »Maurisches Café« verewigte.

Marokko Das maghrebinische Land beschert eine exotische Vielfalt an Farben, Licht, Landschaften und Düften. Hochgebirge, Wüste und Meer kontrastieren mit Gassengewirr und prachtvoller urbaner Architektur.

◄ Die Grande Mosquée Hassan II
(► S. 111) in Casablanca ist ein Gotteshaus der Superlative.

»Der Tag ist zum Sehen und die
Nacht zum Hören da«, besagt ein
altes marokkanisches Sprichwort.
Tatsächlich gibt es in den quirligen
Städten Marokkos einiges zu bestau-
nen: von den kunstvollen Berberteppichen
bis zur exotischen Tajine – die
Marokkaner mögen es farbenfroh!

Tanger

700 000 Einwohner
Stadtplan ► S. 111

Golden schwingt sich der Sandstrand um die breite Baie de Tanger.
Und die weiße Médina stuft sich
labyrinthisch den Hang hinauf. Weit
geöffnet präsentiert sich die Kapitale
der Region Tanger–Tétouan, Marokkos fünftgrößte Stadt. Nur 30 km
von Spanien entfernt, setzen täglich
zahlreiche Besucher aus Südandalu-
sien schnell mal über den Sund.
Während der 33 Jahre ihres Sonder-
status (1923–1956) zog sie als Internationale Zone die Hochfinanz,
Spione und Schmuggler, Exzentri-
ker, Künstler und Literaten in ihren
Bann. Heute ist Tanger ein expan-
dierender Industriestandort.

HAFEN

Der Hafen von Tanger liegt sehr
zentral. Zu Fuß ins Zentrum sind es
lediglich 800 m.

SEHENSWERTES

Kasbah ► S. 111, a/b 1

Auf dem höchsten Punkt der Médina umschließt ein separater Mauer-
gürtel die Kasbah mit dem mächtigen **Dar el-Makhzen**. Ein oktogo-
nales, vielfarbig gefliestes Minarett

überragt die Palastmoschee. Im is-
maïlischen Stil erbaut, diente der
Gebäudekomplex im 18. und 19. Jh.
als Paschapalast mit Gerichtshof
und Gefängnis und beherbergt seit
1922 ein Museum. Auf der Terrasse
hinter dem **Bab er-Raha** bietet sich
ein schöner Blick auf den Wasserarm
zwischen Europa und Afrika.

MUSEEN

Musée de la Kasbah ► S. 111, a 1

Volkskunst und Altertümer birgt der
Dar el-Makhzen. Die zum Innenhof
(Marmorsäulen mit Komposit-Ka-
pitellen) geöffneten Stucksäle zeigen Knüpfteppiche, Berberschmuck,
Töpferwaren, Holzschnitzereien und
Kalligrafien. Im Obergeschoss sind
vorislamische Funde, insbesondere
Abgüsse der hellenistischen Bronzen
aus Volubilis, zu sehen. In den fünf
schweren Zedernholztruhen im **Bit
el-Mal** verwahrte der Sultan einst
seinen Schatz.

Rue de la Kasbah • Sa–Mo, Mi, Do
9–16.30, Fr 12–13.15 Uhr • Eintritt
10 DH, Kinder 3 DH

SPAZIERGANG

Stadtplan ► S. 111

An lauen Sommerabenden spaziert
»ganz Tanger« den **Boulevard Pasteur** auf und ab, die älteste Straße
Neu-Tangers, eingeweiht 1925. Noch
heute ist der Boulevard die führende
Geschäftsstraße. Hier liegt auch ein
imposanter Aussichtspunkt: Kurz
vor der Place Mohammed V grüßen
aus Europa die spanische Hafenstadt Tarifa und die Punta Marroqui,
das Südkap Spaniens, herüber. Der
kurze Boulevard-Bummel endet im
Café de Paris von 1920, dem ältesten
der Neustadt.

Dauer: 30 Min.

ESSEN UND TRINKEN

El-Erz und El-Korsan   ▸ S. 111, b 3

Maurisches Flair • Das Hotel El-Minzah beherbergt zwei sehr empfehlenswerte Gourmetrestaurants: **El-Erz** verwöhnt klassisch international, **El-Korsan** zelebriert marokkanische Kochkunst.

85, rue de la Liberté • Tel. 0 39 93 87 87 • www.elminzah.com • €€€

Café Hafa   ▸ S. 111, nordwestl. a 1

Legendär • Eine Institution, versteckt am Steilhang. Paul Bowles, Truman Capote, William Burroughs tranken hier »Thé à la menthe«.

Rue Hafa (nahe Stadion)

SERVICE

AUSKUNFT

Délégation du Tourisme
▸ S. 111, b 3

29, bd. Pasteur • Tel. 0 39 94 80 50 • E-Mail: dttanger@yahoo.fr

Ausflüge

◎ Chefchaouen

35 709 Einwohner

Die Hauptstadt der gleichnamigen Provinz ist gewiss das schönste Gebirgsstädtchen Marokkos. Die arabo-andalusische Architektur geht auf die Reconquista-Flüchtlinge aus Al-Andalus zurück, die sich im 15. Jh. hier ansiedelten. Die **Ismaïl-Kasbah** (Ethnografisches Museum) am Platz Outa el Hamam stammt aus dem 17. Jh., die **Große Moschee** mit achteckigem Minarett aus dem 15. Jh. Chefchaouen rühmt sich seines Wassers aus der **Quelle Ras el-Ma** sowie seiner Webstoffe. Von der Aussichtsterrasse des Hotels Atlas Riad Chaouen hat man einen zauberhaften Blick über die Stadt.

113 km südöstl. von Tanger

◎ Tétouan

320 539 Einwohner

Die »Weiße Taube« im Prärif lockt viele Ausflügler an, zählt doch die Médina von Tétouan zu den sehenswertesten im Land, seit 1997 auch zum Kulturerbe der Welt. Von 1913 bis 1956 war Tétouan Verwaltungszentrum der spanischen Protektoratszone und Sitz des marokkanischen Kalifen. Aus dieser Zeit stammen die schönen Gebäudefassaden im hispano-maurischen Kolonialstil. In dem Kunsthandwerkszentrum Nordmarokkos besucht man das **Musée Archéologique** und das **Musée Ethnographique**. Einen »guide« vermittelt die Délégation du Tourisme (30, av. Mohammed, Tel. 0 39 96 19 15).

57 km südöstl. von Tanger

Casablanca

3 200 000 Einwohner
Stadtplan ▸ S. 113

Viele assoziieren mit dem klangvollen Namen das hinreißende Liebespaar Bergman und Bogart in dem Kultfilm »Casablanca«. Obgleich weltbekannt, zieht »Casa«, wie die Einheimischen ihr dynamisches Industrie-, Finanz- und Handelszentrum nennen, zumeist nur Geschäftsleute an. Das soll sich ändern. Casablanca will in den Rang der Touristikmetropolen von Weltklasse aufsteigen. Bis 2012 soll die Prachtavenue Royale fertig sein, der Küstenstrich im Umkreis der Grande Mosquée Hassan II wird edel erweitert, eine Marina ist im Bau, City und Médina werden saniert. Die einzige Stadt mit mehreren Mio. Einwohnern verfügt über die größte Universität Marokkos und den größten Handelshafen Afrikas.

Map: Tanger

HAFEN

Der Hafen von Casablanca befindet sich nur einen Steinwurf weit vom Zentrum der Altstadt entfernt.

SEHENSWERTES

Aïn Diab   ▶ S. 113, westl. a 1

Das Wohn- und Vergnügungsviertel erstreckt sich 7 km westlich vom Hafen parallel zur Atlantikküste und ist ausgestattet mit Strandbädern, Hotels, Terrassenrestaurants und -cafés, Nightclubs und Discos. Südlich davon liegt der populäre Sandstrand Sidi Abd er-Rahman.

Grande Mosquée Hassan II 🔟
▶ S. 113, a 1

Marokkos neues Wahrzeichen erstrahlt am Boulevard Sidi Mohammed Ben Abdallah, in Richtung Aïn Diab. Der Welt höchster Sakralbau, eingeweiht 1993, schließt außer der Freitagsmoschee für 100 000 Gläubige eine **Medersa** (theologische Hochschule), Konferenzsäle, Fachbibliothek und eine Tiefgarage ein. Der Koranvers »Gottes Thron stand auf dem Wasser« inspirierte den Monarchen dazu, sein Kulturdenkmal in das Schelfmeer vorzurücken.

Weithin sichtbar strebt das Vierkantminarett 200 m himmelwärts. An dem vom Pariser Architekten Michel Pinseau (1924–1999) konzipierten, einzigartigen Kultbau arbeiteten 35 000 Menschen sieben Jahre lang. Die Synthese von Hightech und maurischer Kunst kostete 0,5 Mrd. €.

Führungen Sa–Do 9, 10, 11, 14 Uhr, außer an Feiertagen, im Ramadan nur vormittags • Eintritt 120 DH, Kinder 30 DH

MUSEEN

Musée Villa des Arts ▸ S. 113, a 3

In der restaurierten Villa, die sich im Art-déco-Stil der Dreißigerjahre präsentiert, wird moderne Malerei marokkanischer Künstler gezeigt – die Werke umfassen die Zeitspanne von 1950 bis zur Gegenwart.

30, bd. Brahim Roudani • Di–Sa 9.30–19 Uhr • Eintritt frei

SPAZIERGANG

Stadtplan ▸ S. 113

An der stets verkehrsreichen **Place des Nations Unies** mit Fußgänger-untertunnelung pulsiert das Herz der Wirtschaftsmetropole. Den Platz prägt die stilvolle Fassade des Kettenhotels **Hyatt Regency**, das sich kontrastreich von der Altstadt absetzt. Man schlendert zunächst einige Minuten in östlicher Richtung den alten **Boulevard Mohammed V** entlang, gesäumt von Topgeschäften und Gebäuden aus der Zeit des französischen Protektorats im Art-déco-Mischstil. Am bunten, betriebsamen Zentralmarkt biegt man links in die **Rue Chaouïa** ab und erreicht die **Avenue des Forces Armées Royales** (FAR), die man in westlicher Richtung entlanggeht – vorbei am

Hotel Royal Mansour, an Schifffahrts- und Fluggesellschaften, Reisebüros, Autoverleihern und Kunsthandwerks-Basaren.

Danach geht es ein paar Minuten die lärmende **Avenue Hassan II** südwärts. Hier residieren in modernen Hochhäusern die führenden Geldinstitute. Dabei trifft man auf den schönsten Platz der Stadt, die **Place Mohammed V**, umgeben von bemerkenswerten Gebäuden im maurischen Art-déco-Mischstil: links der Amtssitz des Wali der Wilaya mit einem 50 m hohen Uhrturm, im Hintergrund die Grünanlage des Justizpalastes und rechter Hand ein 1965 von Spaniern erbauter Hochstrahlbrunnen. Erholung vom hektischen City-Lärm und kulinarischen Genuss verspricht das marokkanische Restaurant **El-Baia** des Hotels Casablanca Plaza (Rond Point Hassan II, Tel. 0 22 48 80 00 €€€). Im 15. Stockwerk fesselt der Panoramablick über Marokkos größte Stadt. Dauer: 1,5 Std.

ESSEN UND TRINKEN

Café-Restaurant Sqala
▸ S. 113, b 1

Hübscher Garten • 2002 wurde in der Sqala, einer Verteidigungsanlage aus dem Jahr 1769, ein romantisches Café-Restaurant eingerichtet, das marokkanische Gerichte serviert.

Bd. des Almohades, gegenüber dem Port de Pêche, Médina • Tel. 0 22 26 09 60 • tgl. 10–24 (Sommer), 10–18 Uhr (Winter) • €€

EINKAUFEN ▸ S. 113, b/c 2 und a 3

Shoppingstraßen sind der **Bd. Mohammed V** und die **Av. Prince Moulay Abdallah** (hinter dem Palais de

Justice). Am **Bd. F. H. Boigny** reihen sich zahlreiche Souvenirläden. Label-Boutiquen gibt es im Quartier Maârif (Twin Center).

SERVICE

AUSKUNFT

Kiosque d'information touristique ▸ S. 113, b 2

Pl. Mohammed V • Tel. 05 22 22 15 24 • www.visitcasablanca.ma

Ausflug

◎ **Rabat**

1 700 000 Einwohner

Als Hauptresidenz des Königs, Sitz des Parlaments, der Botschaften und der ausländischen Kulturinstitute, der Académie Royale, der Universität Mohammed V und zahlreicher Fachhochschulen hat die Atlantikstadt tagsüber einen hektischen Auto-, Bus- und Fußgängerverkehr zu bewältigen.

90 km nordöstl. von Casablanca

SEHENSWERTES

Mausolée Mohammed V

Das Mausoleum ist eine der bedeutendsten Grabmoschee-Anlagen des islamischen Kulturkreises, 1971 wurde es nach den Plänen des preisgekrönten vietnamesischen Architekten Vo Toan errichtet. Unter Verwendung kostbarster Materialien und Hochtechnologie wurden die Stahlbetongerüste neomaurisch verschalt.

Im Ostteil der Neustadt • tgl. 9–Sonnenuntergang • Eintritt frei

Gibraltar Die britische Kronkolonie ist der ewige Zankapfel der Spanier und Engländer. In der Antike als eine der Säulen des Herakles identifiziert, zeigt die Felsenenklave marokkanische, spanische und britische Einflüsse.

◄ Die possierlichen Berberaffen
(▸ S. 115) sind heute eine der Hauptattraktionen für Gibraltar-Touristen.

Gibraltar

26 400 Einwohner

Im britischen Gibraltar fühlt man
sich ins England der 1960er-Jahre
versetzt. Die Enklave liegt auf einem
Felsen in der Bucht von Algeci-
ras. Der Name Gibraltar geht auf
Djebel al-Tarik (Felsen des Tarik)
zurück, was daran erinnert, dass
hier im Jahre 711 die Mauren aus
Nordafrika kommend an Land
gingen. Ihr legendärer Führer war
Tarik ibn Zeyad. Die Herrschaft der
Moslems endete erst 1462. Von der
Maurischen Burg (oberhalb vom
Casemates Square) ist nur der Turm
von 1333 erhalten. Catalan Bay,
der Strand von Gibraltar mit einer
Fischeransiedlung, liegt auf der Ost-
seite des Felsens.

HAFEN

Vom Hafen sind es 15 Minuten Fuß-
weg ins Zentrum. Der Shuttlebus
kostet 2 €, ein Taxi 8 €.

SEHENSWERTES

Alameda Botanical Gardens

Die Gärten wurden Anfang des
19. Jh. vom Gouverneur Gibraltars
angelegt. Die Büste des Herzogs
von Wellington wurde 1820 aufge-
stellt. Eine weitere Skulptur erinnert
an Molly Bloom aus James Joyce
»Ulysses« (1922), die laut Roman in
Gibraltar gebürtig war. In der Gar-
tenanlage wachsen u.a. die sonst auf
den Kanarischen Inseln beheimate-
ten Drachenbäume.
Red Sands Road • www.gibraltar
gardens.gi • tgl. 8 Uhr bis Sonnenuntergang

Nelson's Anchorage

Hier wurde Nelsons Leiche nach
der Seeschlacht bei Trafalgar (einem Kap südöstlich von Cádiz) am
21. Oktober 1805 von der HMS Vic-
tory an Land gebracht, angeblich in
einem Fass Rum. Der Sieg sicherte
die Seeherrschaft Großbritanniens
für das folgende Jahrhundert.
Rosia Road • Mo–Sa 9.30–17.15 Uhr •
Eintritt 1 £

St. Michaels Cave

In dieser Tropfsteinhöhle befand
sich während des Zweiten Weltkriegs ein bombengeschütztes Krankenhaus. Heute werden hier gele-
gentlich Konzerte veranstaltet.
Cave Branch Road • tgl. 10–19, im
Winter 10–17.30 Uhr • Eintritt 1 £

Upper Rock Nature Reserve

Hier leben die einzigen wilden
Affen Europas (niedliche, schwanz-
lose Makaken). Die größten Aus-
sichten, auf die Affen zu stoßen,
hat man bei der Affenhöhle (Apes'
Den) beim Haltepunkt der Seilbahn
auf halber Höhe (Zwischenstopp im
Preis eingeschlossen). Es gilt Son-
nenhüte, Handtaschen und Foto-
apparate gut festzuhalten, für die die
Affen eine besondere Vorliebe besit-
zen. Vom Gipfel des sogenannten
Affenfelsens bietet sich bei klarem
Wetter ein Blick zum Atlasgebirge
auf der marokkanischen Seite. Der
Aufstieg zu Fuß über die Mediterranean Steps (nur für Schwindelfreie)
nimmt etwa zwei Stunden in Anspruch.
Tgl. 9.30–19 Uhr • Eintritt 8 £ •
Seilbahn ab Red Sands Road 9.30–
17.15 Uhr • Rückfahrkarte 8 £ (bei
schlechtem Wetter oder starkem
Wind wird der Betrieb eingestellt)

MUSEEN

Gibraltar Museum

Das Museum befindet sich in einem Gebäude über einem Badehaus aus maurischer Zeit (14. Jh.). Die Ausstellung lässt keine Fragen zur Geschichte Gibraltars offen.
Bomb House Lane 18/20 • www.gibmuseum.gi • Mo–Fr 10–18, Sa 10–14 Uhr • Eintritt 2 £, Kinder 1 £

SPAZIERGANG

Vom Cruise-Ship Terminal führt die Waterport Wharf Road über den Kreisverkehr zum Grand Casemates Square. In den Kasernen am Platz lebten früher marokkanische Arbeiter, im Augenblick werden die Kasernen in ein Einkaufszentrum umgebaut. Am Grand Casemates Square beginnt die **Main Street**, die Fußgängerzone, mit allen Läden, die man von einer britischen Einkaufsmeile erwarten kann. Linker Hand am Cathedral Square steht die **Cathedral of St. Mary the Crowned**. Die katholische Kirche wurde nach der Belagerung 1787 neu errichtet. Ebenfalls links zweigt die Library Street zur 1804 errichteten **Garnisonsbibliothek** (Garrison Library) ab. Wiederum links an der Main Street liegt das Gebäude des Supreme Court (Oberstes Gericht) von 1820. Rechter Hand befindet sich die **King's Chapel**, die ursprünglich zu einem Franziskanerkloster aus dem 16. Jh. gehörte. In dem Klostergebäude (»Convent«) residiert seit 1728 der Gouverneur von Gibraltar. Die Säulenvorhalle des Gebäudes stammt aus dem Jahr 1864. Gegenüber des Convent liegt das mit zwei Kanonen bewehrte Haus der Wache. Durch das Southport Gate verlässt man die Altstadt. Linker Hand liegt der **Trafalgar Cemetery**. Hier sind die britischen Seeleute begraben, die 1805 in der Schlacht von Trafalgar den Tod fanden. Rechts der Europa Road befinden sich, eine Oase der Ruhe nach der geschäftigen Einkaufsstraße, die **Alameda Botanical Gardens**, in denen man verschnaufen kann, bevor man sich entweder zu Fuß oder mit der Seilbahn auf den Gibraltar Rock (426 m) begibt.
Dauer: ca. 1,5 Std.

ESSEN UND TRINKEN

House of Sacarello's

Ältestes Kaffeehaus • Sacarello's ist bekannt für seine »cream teas« (Tee mit Scones – süße Brötchen) und seine leckeren vegetarischen Gerichte.
Irish Town • Tel. 20 07 06 25 • Mo–Fr 9–19.30 und Sa 9–15 Uhr • €€

La Mamela

Relaxte Atmosphäre • Gutes Fischrestaurant am Südende des Strands von Gibraltar.
Catalan Bay • Tel. 20 07 23 73 • €€

EINKAUFEN

Die Läden sind in der Regel von Montag bis Freitag zwischen 9 und 19.30 geöffnet, samstags bis 13 Uhr.

Marks & Spencer

Das britische Edelwarenhaus gibt es auch in Gibraltar. Falls Sie das dringende Bedürfnis verspüren sollten, Wedgwood Porzellan zu kaufen.
215 b Main Street

SERVICE

AUSKUNFT

Gibraltar Tourist Board

Duke of Kent House, Cathedral Square • Tel. 20 07 49 50 • www.visitgibraltar.gi

Entdecken Sie die ganze Welt von MERIAN *live!*

Von Ägypten bis Zypern: MERIAN *live!* bringt Ihnen mit über 150 Ausgaben die schönsten und spannendsten Reiseziele der ganzen Welt näher, die wichtigsten Sehenswürdigkeiten, topaktuelle Adressen und außergewöhnliche Empfehlungen. www.merian.de

Dem Kapitän eines Kreuzfahrtschiffs
obliegt die Verantwortung für den Bord-
und Brückenbetrieb. Vertreten wird er
vom Ersten Offizier.

Wissenswertes über
das westliche Mittelmeer

Nützliche Informationen für einen gelungenen
Aufenthalt: Fakten über Land, Leute und Geschichte
sowie Reisepraktisches von A bis Z.

Sprachführer

Spanisch

Aussprache

c   vor dunklen Vokalen wie k (como), vor hellen Vokalen wie engl. th (gracias)
ch   wie tsch (ocho)
h   wird nicht gesprochen
j   wie ch (jueves)
ll   wie lj (calle)
ñ   wie nj (mañana)
qu   wie k (quisiera)
s   wie ss (casa)
y   wie j (hoy)
z   wie engl. th (diez)

Wichtige Wörter und Ausdrücke

ja – sí
nein – no
danke – gracias
Wie bitte? – ¿cómo?
Ich verstehe nicht – No entiendo
Entschuldigung – perdón
Guten Morgen – buenos días
Guten Tag – buenas tardes
Guten Abend – buenas noches
Ich heiße … – Me llamo …
Wie geht's? – ¿Qué tal?/¿Cómo
Danke, gut. – Bien, gracias.
wer, was, welcher – quien, que, cual
wann – cuando
Sprechen Sie Deutsch/Englisch? – ¿Habla alemán/inglés?
heute – hoy
morgen – mañana
gestern – ayer

Zahlen

eins – uno
zwei – dos
drei – tres
vier – cuatro
fünf – cinco
sechs – seis
sieben – siete
acht – ocho
neun – nueve
zehn – diez
einhundert – cien
eintausend – mil

Wochentage

Montag – lunes
Dienstag – martes
Mittwoch – miércoles
Donnerstag – jueves
Freitag – viernes
Samstag – sábado
Sonntag – domingo

Unterwegs

rechts – a la derecha
links – a la izquierda
geradeaus – recto
Wie kommt man nach …? – ¿Por dónde se va a…?
Wo ist … – ¿Dónde está …
– die nächste Bank? – el próximo banco?
Wo finde ich … – ¿Dónde encuentro …
– einen Arzt? – un medico?
– eine Apotheke? – una farmacia?
Eine Fahrkarte nach … bitte! – ¡Quisiera un pasaje a …, por favor!

Essen und Trinken

Die Speisekarte bitte! – El menu, ¡por favor! [el menu por fabor]
Die Rechnung bitte! – La cuenta, ¡por favor!
Ich hätte gern … – Quisiera …, ¡por favor!

Einkaufen

Haben Sie …? – ¿Hay …?
Wie viel kostet …? – ¿Cuánto vale …?

Französisch

Aussprache

~ über einem Vokal bedeutet, dass er nasal ausgesprochen wird:
- ã wie chance
- ˜ e wie terrain
- õ wie bonbon

Wichtige Wörter und Ausdrücke

ja – oui
nein – non
danke – merci
Wie bitte? – comment
Ich verstehe nicht – je ne comprends pas
Entschuldigung – pardon/excusez-moi
Guten Morgen/Tag – bonjour
Guten Abend – bonsoir
Auf Wiedersehen – au revoir
Ich heiße … – je m'appelle
Ich komme aus … – je suis de
Wie geht's? – comment allez-vous/vas-tu
Danke, gut. – bien, merci
wer, was, welcher – qui, quoi, lequel
wann – quand
wie viel – combien
wie lange – combien de temps
Sprechen Sie Deutsch/Englisch? – parlez-vous allemand/anglais
heute – aujourd'hui
morgen – demain
gestern – hier

Zahlen

eins – un, une
zwei – deux
drei – trois
vier – quatre
fünf – cinq
sechs – six
sieben – sept
acht – huit
neun – neuf
zehn – dix
einhundert – cent

Wochentage

Montag – lundi
Dienstag – mardi
Mittwoch – mercredi
Donnerstag – jeudi
Freitag – vendredi
Samstag – samedi
Sonntag – dimanche

Unterwegs

rechts – à droite
links – à gauche
geradeaus – tout droit
Wie kommt man nach …? – pouvez-vous m'indiquer le chemin pour aller à
Wo ist … – où se trouve
– die Touristeninformation? – l'office de tourisme
Wo finde ich … – où est-ce que je trouve
einen Arzt? – un médecin
eine Apotheke? – une pharmacie
Eine Fahrkarte nach … bitte! – un ticket pour … s'il vous plaît!

Essen und Trinken

Die Speisekarte bitte! – la carte s'il vous plaît
Die Rechnung bitte! – l'addition s'il vous plaît
Ich hätte gern … – Je voudrais prendre

Einkaufen

Wo gibt es …? – où se trouve
Haben Sie …? – avez-vous
Wie viel kostet …? – combien ça coûte?
Das ist zu teuer – c'est trop cher
Briefmarken für einen Brief/eine Postkarte nach … – des timbres pour une lettre/carte postale pour

Italienisch

Wichtige Wörter und Ausdrücke

ja – sì

nein – no

danke – grazie

bitte – per favore

Wie bitte? – prego, come?

Ich verstehe nicht – non capisco

Entschuldigung – scusa, scusi

Guten Morgen/Guten Tag – buon giorno

Guten Abend – buona sera

Auf Wieder sehen – arrivederci

Ich heiße … – mi chiamo …

Ich komme aus … – (io) vengo da …

Wie geht's? – Come va?

Danke, gut. – Bene, grazie.

wer, was, welcher – chi, (che) cosa, quale

wann – quando

wie lange – per quanto tempo

Sprechen Sie Deutsch/Englisch? – Lei parla il tedesco/l'inglese?

heute – oggi

morgen – domani

gestern – ieri

Zahlen

eins – uno

zwei – due

drei – tre

vier – quattro

fünf – cinque

sechs – sei

sieben – sette

acht – otto

neun – nove

zehn – dieci

einhundert – cento

eintausend – mille

Wochentage

Montag – lunedì

Dienstag – martedì

Mittwoch – mercoledì

Donnerstag – giovedì

Freitag – venerdì

Samstag – sabato

Sonntag – domenica

Unterwegs

rechts – destra

links – sinistra

geradeaus – diritto

Wie kommt man nach …? – Come si arriva a …?

Wo ist … – Dove è …

– der Bahnhof? – la stazione?

– die nächste Bank? – la banca più vicina?

Wo finde ich … – Dove trovo …

– einen Arzt? – un medico?

– eine Apotheke? – una farmacia?

– die Touristeninformation? – l' informazione turistica?

Eine Fahrkarte nach … bitte! – Per favore, un biglietto per …!

Essen und Trinken

Die Speisekarte bitte! – Il menu, per favore!

Die Rechnung bitte! – Il conto, per favore!

Ich hätte gern … – Vorrei …

Wo finde ich die Toiletten? – Dove trovo i gabinetti?

Kellner/-in – cameriere

Mittagessen – pranzo

Abendessen – cena

Einkaufen

Wo gibt es …? – Dove è …?

Haben Sie …? – Lei ha …?

Wie viel kostet …? – Quanto costa …?

Das ist zu teuer – Costa troppo

Das gefällt mir/ – Questo mi piace/ – gefällt mir nicht. – Non mi piace.

Ich nehme es. – lo prendo.

geöffnet – aperto

geschlossen – chiuso

Englisch

Wichtige Wörter und Ausdrücke

ja – Yes

nein – No

bitte – please

danke – Thank you

Wie bitte? – Pardon?

Ich verstehe nicht – I don't understand

Entschuldigung – Sorry/I beg your pardon/excuse me

Guten Morgen – Good morning

Guten Tag – How do you do

Guten Abend – Good evening

Auf Wiedersehen – Good bye

Ich heiße … – My name is …

Ich komme aus … – I come from …

Wie geht's? – How are you?

Danke, gut – Fine, thanks

Wer, was, welcher – Who, what, which

Wann – When

Wie lange – How long

Sprechen Sie Deutsch? – Do you speak German?

heute – Today

morgen – Tomorrow

Zahlen

eins – one

zwei – two

drei – three

vier – four

fünf – five

sechs – six

sieben – seven

acht – eight

neun – nine

zehn – ten

einhundert – one hundred

eintausend – one thousand

Wochentage

Montag – Monday

Dienstag – Tuesday

Mittwoch – Wednesday

Donnerstag – Thursday

Freitag – Friday

Samstag – Saturday

Sonntag – Sunday

Unterwegs

rechts – right

links – left

geradeaus – straight ahead

Wie weit ist es? – How far is it to ...?

Wo ist …? – Where is …?

– die nächste Bus-Station – the nearest bus terminal

– die Bank – the bank

Wo finde ich einen Arzt/eine Apotheke? – Where do I find a doctor/a pharmacy?

Eine Fahrkarte nach … bitte – A ticket to … please

Essen und Trinken

Die Speisekarte bitte – Could I see the menu, please?

Die Rechnung bitte – Could I have the bill, please?

Wo finde ich die Toiletten? – Where are the washrooms?

Kellner – waiter

Frühstück – breakfast

Mittagessen – lunch

Abendessen – dinner

Einkaufen

Haben Sie …? – Do you have …?

Wie viel kostet das? – How much is this?

Das ist zu teuer – That's too much

Danke, das ist alles – Thank you, that's it

geöffnet/geschlossen – open/closed

Bäckerei – bakery

Kaufhaus – department store

Markt – market

Lebensmittel geschäft – supermarket/grocery shop

Kulinarisches Lexikon

Spanisch

A/B

aceitunas – Oliven
ajo – Knoblauch
a la espalda – Fisch gebraten oder vom Grill
a la parilla – vom Holzkohlegrill
a la sal – Fisch/Fleisch in Salzkruste
albóndigas – Fleischbällchen
alcachofas – Artischocken
almejas – Herzmuscheln
anchoas – Anchovis, Sardellen
arroz – Reis
atún – Thunfisch
bacalao – Stockfisch, Klippfisch
berenjenas – Auberginen
besugo – Graubarsch
bistec – Beefsteak

C

café con leche – Kaffee mit viel Milch
– cortado – Kaffee mit wenig Milch
– solo – Espresso
calabacín – Zucchini
caldo – Suppe/Brühe
caracoles – Schnecken
carne – Fleisch
cerdo – Schweinefleisch
cerveza – Bier
chorizo – pikante Wurst
chuleta – Kotelett
churros – frittierter Spritzteig (dünn)
conejo – Kaninchen
cordero – Lamm

D/E/F

dorada – Goldbrasse
dulces – Süßigkeiten
embutido – Wurst
ensaïmada – Hefeteigschnecke
ensalada – Salat
escalopa – Schnitzel
flan – Karamellcreme

G/H/I

gambas – Garnelen
gazpacho – kalte Gemüsesuppe
gigote – Hackbraten
guisado – Gulasch, Schmorfleisch
hìgado – Leber
huevo – Ei
jamón dulce – gekochter Schinken
– ibérico – luftgetrockneter Schinken vom iberischen Schwein
– serrano – luftgetrockneter Schinken

L/M/N

lenguado – Seezunge
mariscos – Meeresfrüchte
mejillones – Miesmuscheln
merluza – Seehecht

P/Q/R

paella – Reispfanne
pan – Brot
pasteles – Kuchen
pato – Ente
pechuga – (Geflügel-)Brust
pepino – Gurke
pescado – Fisch
pimiento – Paprikaschote
pincho – Stück (Tortilla etc.)
pollo – Hähnchen, Huhn
porras – frittierter Spritzteig (dick)
pulpo – Tintenfisch
queso – Käse
– blanco – Schafs-, Ziegenkäse
– fresco – Frischkäse
riñones – Nieren

S/T/V

salchichas – Würstchen
sandía – Wassermelone
solomillo – Filetsteak
ternera – Kalb
tortilla francesa – Omelett
– española – Kartoffelomelett

Französisch

A/B

agneau – Lamm

aiguillettes – schmale Fleisch-
streifen, oft vom Geflügel

bœuf – Ochse, Rind

brochet – Hecht

brochette – kleiner Bratspieß

C

canard – Ente

carpe – Karpfen

carré – Rippenstück

cassoulet – Eintopf mit weißen
Bohnen

cerf – Hirsch

cervelas – Brühwurst aus Schweine-
und/oder Rindfleisch

chausson – Blätterteigtörtchen

chou blanc – Weißkohl

choucroute – Sauerkraut

coq – Hahn

coquillages – Muscheln

côte – Rippenstück

courgettes – Zucchini

crevettes – Garnelen

cru – roh (Schinken)

crudités – Rohkostsalate

crustacés – Krustentiere

D/E

daube – Schmortopf

dinde – Pute

dindon – Truthahn

éclair – Brandteiggebäck

endives – Chicorée

entrecôte – Lendenstück

épinards – Spinat

escalope – Schnitzel

escargots – Schnecken

F/G

faisan – Fasan

flageolets – junge weiße Bohnen

foie – Leber

fromage (blanc) – Käse (Quark)

gâteau – Kuchen

gibier – Wild

grenouille – Frosch

H/I

haricots – Bohnen

homard – Hummer

huîtres – Austern

infusion de camomille – Kamillen-
tee

– de menthe – Pfefferminztee

L/M

lait – Milch

langouste – Languste

lapin – Kaninchen

légumes – Beilagen, Gemüse

lièvre – Hase

lotte – Seeteufel

maquereau – Makrele

morue – Kabeljau

moules – Miesmuscheln

mouton – Hammel

O/P

oie – Gans

pâté – Pastete

petits pois – Erbsen

poisson – Fisch

porc – Schweinefleisch

poulet – Hühnchen

Q/R

quenelles – Klößchen aus Fleisch

riz – Reis

rognons – Nieren

S/T/V

sandre – Zander

sanglier – Wildschwein

saumon – Lachs

sole – Seezunge

thon – Thunfisch

tournedos – Rindsfilet

tripes – Kutteln, Kaldaunen

veau – Kalb

Italienisch

A/B
aglio – Knoblauch
agnolotti – eine Art Ravioli
asparago – Spargel
baccalà – Stockfisch
bistecca – Steak
branzino – Seebarsch
brasato – Schmorbraten, geschmort
brodo – Bouillon

C
cacciucco – pikante Fischsuppe
cannolo – Teigröllchen gefüllt mit
  Käse (süß), oft mit Nougat und
  kandierten Früchten
cape sante – Jakobsmuscheln
capretto – Zicklein
carciofi – Artischocken
cece – Kichererbse
cefali – Meeräschen
cinghiale – Wildschwein
cipolla – Zwiebel
coda di rospo – Seeteufel
codeghin – Schweinswurst
coniglio – Kaninchen
costata – Entrecôte
cozze – Muscheln

D/F
dentice – Zahnbrasse
fagiolata – Bohnengericht
fegato – Leber
fettuccine – flache Bandnudeln
finocchio – Fenchel
focaccia – Brot mit Olivenöl, oft
  belegt mit Zwiebeln oder Tomaten
frittata – Omelett
fritto – frittiert

G/I
gallina – Henne
gambero – Krebs
insalata – Salat
– mista – gemischter Salat
– verde – grüner Salat

L/M
lenticchie – Linsen
lepre – Hase
linguine – schmale Bandnudeln
macedonia di frutta – Obstsalat
maiale – Schwein
manzo – Rindfleisch
melanzana – Aubergine
merluzzo – Kabeljau
minestrone – dicke Gemüsesuppe

O/P
olio – Öl
alla paesana – mit Speck, Kartoffeln,
  Karotten und anderen Wurzel-
  gemüsen
pancetta – Bauchspeck
pappardelle – lange, breite Nudeln
pasta e fagioli – Nudeln mit Boh-
  nensuppe
patate – Kartoffeln
pesce – Fisch
pollo – Huhn
polpo – Krake
pomodoro – Tomate
porcini – Steinpilze
profiterole – kleine gefüllte Wind-
  beutel

R/S/T
ricotta – weicher Schafmilchkäse
salsiccia – würzige Schweinswurst
saltimbocca – Kalbfleisch mit
  Schinken, Salbei und Weinsauce
seppie – Tintenfische
scaloppa – Schnitzel
sogliola – Seezunge
stoccafino – Stockfisch
tartufo – Trüffel
tonnato – in Thunfischsauce
tramezzino – weiches Sandwich

V
verdura – grünes Gemüse
vitello – Kalbfleisch
vongole – Venusmuscheln

Tunesisch

A/B/C

agneau – Lamm
ail – Knoblauch
amandes – Mandeln
artichauts – Artischocken
betteraves – Rote Beete
bisque – Krebssuppe
blanc de poulet – Hühnerbrust
bœuf – Rindfleisch
bœuf à la mode – Schmorbraten
brik – Teigtasche
brochette – Fleischspieß
brouillade – Rühreier
calmar – Kalmar
canard – Ente
chou – Kohl
choufleur – Blumenkohl
clovisses – Venusmuscheln
concombre – Gurke
coq – Hahn
couscous – tunesisches Nationalgericht aus Grieß, Fleisch und Gemüse
crevettes – Garnelen

D/E/F

dattes – Datteln
dinde – Pute
dorade – Goldbrasse
crevisse – Krebs
épinard – Spinat
escalope – Schnitzel
escargot – Schnecke
espardon – Schwertfisch
fenouil – Fenchel
fletan – Heilbutt
foie – Leber
friture – gebratene Fische
fromage – Käse
fruits – Früchte

G/H

gâteau – Kuchen
gibier – Wild
gigot d'agneau – Lammragout

grillade – Rostbraten
hachis – Hackbraten
haricots – Bohnen
harissa – Chilisauce
herbes – Kräuter
homard – Hummer
hors d'œuvre – Vorspeisen

L/M/N

lait – Milch
langoustines – kleine Langusten
légume – Gemüse
loup de mer – Wolfsbarsch
maquereaux – Makrelen
menthe – Minze
merguez – Würstchen
mérou – Zackenbarsch
miel – Honig
moules – Miesmuscheln
mouton – Hammel
mulet – Meeräsche
nouilles – Nudeln

P/Q/R

pageot – Rotbrasse
pain – Brot
pâte – Teigwaren
paupiettes de veau – Kalbsroulade
pignols – Pinienkerne
pistaches – Pistazienkerne
poisson – Fisch
poulet – Hühnchen
poulet rôti – Brathühnchen
poulpe – Krake
quenelles – Fleischklößchen
riz – Reis
rognons – Nieren
rôti – Braten

S/T/V

sanglier – Wildschwein
seiche – Tintenfisch
sole – Seezunge
terrine – Fleischpastete
thon – Thunfisch
veau – Kalb

Marokkanisch

A/B

agneau – Lamm

bisque – Krebssuppe

brik – Teigtasche

briouates (süß) – in Öl frittierte und in Honig getränkte Blätterteigtaschen mit Mandelfüllung

briouates (salzig) – frittierte Blätterteigtaschen, gefüllt mit Hackfleisch, Hirn oder Reis u. a.

brochettes – Fleischstückchen am Spieß

brochettes de kefta – gegrillte Hackfleischspießchen

C

coquelet – Hähnchen

coquillages – Muscheln

crustacés – Krustentiere

cumin – Kreuzkümmel

D/E/F

daurade – Meerbrasse

dinde – Pute

écrevisses – Krebse

espadon – Schwertfisch

foie m'chermel – frittierte Kalbsleber, gewürzt mit Paprika, Kreuzkümmel, Koriander

G/H

gigot – Hammelkeule

griouch – in Öl frittiertes und in Honig getränktes Sesamgebäck

harissa – Chilisauce

K

kaab el-ghazal – Mandelgebäck in Form von Gazellenhörnern, oft in Puderzucker gewälzt

kabab – Grillspieß aus Rinderfilet oder Lammfleisch

k'dra – gelbe Soße auf der Basis von Zwiebeln, Butter, Pfeffer und Safran

kefta aux œufs – Hackfleischbällchen in Buttersoße, gewürzt mit Kreuzkümmel, Paprika, Koriander, garniert mit Spiegeleiern

kefta m'chermla – Hackfleischbällchen in Zwiebelsauce

lapin – Kaninchen

lotte de mer – Seeteufel

M

maquereaux – Makrelen

m'chermel – rote Sauce, ein Gemisch aus drei verschiedenen Saucen

m'hammar – rote Sauce auf der Basis von Butter, süßem Paprika und Kreuzkümmel

moules – Miesmuscheln

mouton – Hammel, Schaf

m'qualli – gelbe Soße auf der Basis von Öl, Ingwer und Safran

O/P/R

pain – Brot

– marocain – Weizen- oder Gerstenbrot

– noir – Schwarzbrot

poivrons verts – grüne Pfefferschoten

pommes – Äpfel

– de terre – Kartoffeln

porc – Schwein

poulet – Hühnchen

poulpe – Krake

riz – Reis

rôti – Braten, gebraten

S/T/V

seiche – Tintenfisch

tajine de viande aux coings et au miel – Quittentajine mit Honig, Zimt, Safran, Pfeffer

– de viande à la courge (m'qualli): Kürbistajine

– de viande tfaïa – Festtagstajine vom Lamm oder Kalb

veau – Kalb

Englisch

A/B

asparagus – Spargel
baked – gebacken
beans – Bohnen
beef – Rindfleisch
bitter – dunkles Bier
boiled – gekocht, gesotten
brownie – Schokoladenkuchen
bun – süßes Brötchen

C/D/E

cabbage – Kohl
calves liver – Kalbsleber
cauliflower – Blumenkohl
chicken – Huhn, Hühnerfleisch
chop – Kotelett
cod – Kabeljau
cutlet – Kotelett
duck – Ente
dumplings – Klöße
egg – Ei
– boiled egg – gekochtes Ei
– fried egg – Spiegelei
– scrambled egg – Rührei
escalope – Schnitzel

F/G/H

fish 'n' chips – Fisch mit Pommes
french beans – grüne Bohnen
game – Wild
grilled – gegrillt
haddock – Schellfisch
ham – gekochter Schinken

K

kidney – Niere

L/M/O

lager – helles Bier
lamb – Lamm, Schaffleisch
leek – Lauch, Porree
lentils – Linsen
lettuce – (Kopf-)Salat
liver – Leber
lobster – Hummer
loin – Lendenstück
mackerel – Makrele
mashed potato – Kartoffelbrei
minced meat – Hackfleisch
mushroom – Pilz
mussel – Muschel
mustard – Senf
oysters – Austern

P/R/S

parsley – Petersilie
peppers – Paprika (Gemüse)
pie – Pastete
pork – Schweinefleisch
porridge – Haferbrei
poultry – Geflügel
prawn – Garnele
pumpkin – Kürbis
raspberries – Himbeeren
raw – roh
rib – Rippe
roast – Braten
roll – Brötchen
salmon – Lachs
scallop – Kammmuschel
scones – (weiches) Teegebäck
seafood – Meeresfrüchte
shrimps – Krabben
sirloin – Lendenstück vom Rind
smoked – geräuchert
sole – Seezunge
spicy – gewürzt, pikant
steamed – gedämpft
stewed – geschmort
stout beer – dunkles Starkbier
stuffed – gefüllt

T/V/W

trifle – süßer Auflauf mit Früchten
trout – Forelle
tuna – Thunfisch
turkey – Truthahn
veal – Kalbfleisch
vegetable – Gemüse
venison – Wild, Reh
well-done – durchgebraten

Reisepraktisches von A–Z

ANREISE
MIT DEM ZUG

Die Mittelmeerhäfen Genua und Savona sind von Deutschland, Österreich und der Schweiz aus mit der Bahn zu erreichen (www.bahn.de, www.oebb.at, www.sbb.ch). Meist stellen die Reedereien Shuttle-Busse vom Hafen zum Bahnhof bereit.

MIT DEM PKW

Für Passagiere, die mit dem Wagen anreisen, gibt es an den Häfen Parkhäuser. Der Platz im Parkhaus wird bereits bei der Buchung reserviert. In Italien halten Autofahrer nach Schildern mit der Aufschrift »Porto« (Hafen) oder »Terminal Crociere« (Kreuzfahrtterminal) Ausschau.

MIT DEM BUS

Zu vielen Kreuzfahrthäfen gibt es aus Deutschland, Österreich und der Schweiz einen Bustransfer.

MIT DEM FLUGZEUG

Am bequemsten ist die Anreise mit dem Flugzeug. Einige Einschiffungsorte werden auch von Billigfliegern angeflogen. Häufig lässt sich zur Kreuzfahrt ein Flug zu Sonderkonditionen buchen.
Auf www.atmosfair.de und www.myclimate.org kann jeder Reisende durch eine Spende für Klimaschutzprojekte für die CO_2-Emission seines Fluges aufkommen.

AUSKUNFT
FRANKREICH
Atout France

– Zeppelinallee 37, 60325 Frankfurt/Main • Tel. 09 00/1 57 00 25 (0,49 €/Min.) • http://de.franceguide.com
– Lugeck 1–2 (Stg. 1/Top 7), 1010 Wien • Tel. 09 00/25 00 15 (0,68 €/Min.) • http://at.franceguide.com
– Rennweg 42, 8021 Zürich • Tel. 09 00/90 06 99 (Einwahl 1,20 €, 0,30 €/Min.) • http://ch.franceguide.com

ITALIEN
Italienische Zentrale für Tourismus ENIT

– Barckhausstr. 10, 60325 Frankfurt/Main • Tel. 0 69/23 74 34 • www.enit-italia.de
– Kärntner Ring 4, 1010 Wien • Tel. 01/5 05 16 39 • www.enit.at
– Uraniastr. 32, 8001 Zürich • Tel. 0 43/4 66 40 40 • www.enit.ch

MAROKKO
Marokkanisches Fremdenverkehrsamt

– Kärtnerring 17/2/23, 1010 Wien • Tel. 01/ 5 12 53 26
– Schifflände 5, 8001 Zürich • Tel. 0 44/2 52 77 52

MONACO
Monaco Tourismus und Kongressbüro
c/o Kaus Media Services

Luisenstr. 4, 30159 Hannover • Tel. 05 11/5 17 96 10 • www.visitmonaco.com

SPANIEN
Turespaña

– Kurfürstendamm 63, 10707 Berlin • Tel. 01 80/3 00 26 47 • www.spain.info/de/tourspain
– Walfischgasse 8, 1010 Wien • Tel. 0810/24 24 08 • www.spain.info/at/tourspain

– Seefeldstr. 19, 8008 Zürich •
Tel. 0 44/2 53 60 50 • www.spain.
info/ch/tourspain

TUNESIEN
Fremdenverkehrsamt Tunesien

www.tunesien.info
– Bockenheimer Anlage 2,
60322 Frankfurt/Main • Tel. 0 69/
1 33 83 50
– Opernring 1/R/109, 1010 Wien •
Tel. 01/5 85 34 80
– Bahnhofstr. 69, 8001 Zürich •
Tel. 0 44/2 11 48 30-31

BORDWÄHRUNG

Außer bei NCL (Dollar) ist die Bord-
währung auf den Kreuzfahrtschiffen
im Mittelmeer der Euro.

BUCHTIPPS

**Axel Munthe: Das Buch von San
Michele** (dtv 1978) Die Memoiren
des auf Capri wohnhaften schwedi-
schen Leibarztes von Königin Victo-
ria waren einer der ersten Bestseller
der Weltliteratur. Der Band enthält
wunderbare Schilderungen von
Capri und Neapel.

**George Orwell: Mein Katalonien.
Bericht über den spanischen Bürgerkrieg** (Diogenes TB 1975) Aus
dem Englischen übersetzt von Wolfgang Rieger.

**Matthias Politycki: In 180 Tagen
um die Welt. Das Logbuch des
Herrn Johann Gottlieb Fichtl**
(MARE Buchverlag 2008) Äußerst
kurzweilige Beschreibung einer
Kreuzfahrt um die Welt mit der
»Europa«. Von den Mittelmeerhäfen
tauchen u. a. Cagliari auf Sardinien
und Cádiz in Spanien auf. Das Log-
buch ist auch unter dem Titel »Das
Schiff« als Originalton-Hörstück
(Doppel-CD) erhältlich.

**Maria Rinaldi: Der Duft des Mit-
telmeers. Die schönsten Sommer-
geschichten** (Piper TB Juni 2009)
Erzählungen von Gabriel García
Márquez, Alberto Moravia, Italo
Calvino und Judith Hermann, die an
Stränden des Mittelmeers spielen.

**Roberto Saviano: Gomorrha. Reise
in das Reich der Camorra** (aus dem
Italienischen von Friederike Haus-
mann, dtv Februar 2009) Die Camorra, laut Saviano gefährlicher als
die Mafia, im Selbstversuch, was dem
Autor eine Todesdrohung (und internationalen Ruhm) einbrachte. Im
Containerhafen von Neapel nehmen
seine Recherchen ihren Anfang.

**Paul Theroux: An den Gestaden
des Mittelmeeres** (aus dem Amerikanischen von Erica Ruetz und Cor-
nelia Groethuysen, Hoffmann und
Campe 1996) Mit der Bahn und Fähren reiste der prominenteste amerikanische Reiseautor einmal ums
Mittelmeer, allerdings – auf Ein-
ladung der Reederei – auch einmal
auf dem Luxusschiff Seabourne Spi-
rit (40 Passagiere) von Nizza nach
Istanbul. Ungemein kurzweilig.

**Mark Twain: Reisen ums Mittel-
meer** (insel 1996) Vergnüglich zu
lesende Schilderung seiner Reisen
im Jahr 1867, die den Amerikaner
u. a. nach Neapel, Rom, Istanbul,
Athen und Kairo führten.

**Marguerite Yourcenar: Ich zähmte
die Wölfin. Die Erinnerungen des
Kaisers Hadrian** (aus dem Französischen von Fritz Jaffe, dtv 1998) Die
Autorin war das erste weibliche Mit-
glied der Académie française. Ab-
tauchen in die römische Geschichte:
Die fiktive Autobiografie des Kaisers
Hadrian (76–138) ist einer der bedeutendsten historischen Romane
der Weltliteratur.

AIDA Cruises

Am Strande 3d, 18055 Rostock • Tel.
03 81/20 27 07 22 • www.aida.de

Costa Kreuzfahrten

Frankfurter Str. 233/Haus C,
63263 Neu-Isenburg • Tel. 0 18 05 26
78 25 • www.costakreuzfahrten.de

Hansa Kreuzfahrten

Willy-Brandt-Platz 3, 28215 Bremen •
Tel. 04 21/33 46 60 • www.hansa
kreuzfahrten.de

Hapag-Lloyd Kreuzfahrten

Ballindamm 25, 20095 Hamburg •
Tel. 0 40/30 01 46 00 • www.hlkf.de

MSC-Kreuzfahrten

Neumarkter Str. 63, 81673 München •
Tel. 0 89/8 56 35 50 • www.msc-
kreuzfahrten.de

Norwegian Cruise Line (NCL)

Niederlassung Wiesbaden, Zentrale
für Kontinentaleuropa, Kreuzberger
Ring 68, 65205 Wiesbaden •
Tel. 06 11/3 60 70 • www.ncl.com

Peter Deilmann Reederei

Am Holm 25, 23730 Neustadt/
Holstein • Tel. 0 45 61/39 60 •
www.deilmann-kreuzfahrten.de

Royal Caribbean

Lyoner Straße 20, 60528 Frankfurt
am Main • Tel. 0 69/9 20 07 10 •
www.royalcaribbean.de

Seabourn Cruise Line

6100 Blue Lagoon Drive, Suite 400,
Miami, Florida 33126 • Tel. 00 800
18 08 41 80 • www.seabourn.com

Sea Cloud Cruises

An der Alster 9, 20095 Hamburg •
Tel. 0 40/3 09 59 250 • www.sea
cloud.de

TUI Cruises

Anckelmannsplatz 1, 20537 Hamburg • Tel. 0 40/2 86 67 70 •
www.tuicruises.com

Die meisten Reedereien gewähren
Frühbucherrabatte! Häufig lassen
sich auch Transfers sowie Hotel-
übernachtungen am Start- und Ziel-
ort zusammen mit der Kreuzfahrt
buchen.

Gibraltar (Pfund)

10 £ .... 1,16 €/1,66 SFr
1 € .... 0,86 £
1 SFr .... 0,60 £

Mittelwerte	JAN	FEB	MÄR	APR	MAI	JUN	JUL	AUG	SEP	OKT	NOV	DEZ
Tages-temperatur	11	13	16	19	23	28	31	31	27	21	16	12
Nacht-temperatur	4	5	7	10	13	17	20	20	17	13	9	5
Sonnen-stunden	4	5	6	7	9	9	11	10	8	7	4	4
Regentage pro Monat	8	9	8	8	7	4	2	2	5	8	10	10

Marokko (Dirham)

10 DH	0,89 €/1,28 SFr
1 €	11,13 DH
1 SFr	7,75 DH

Tunesien (Dinar)

1 tD	0,58 €/0,76 SFr
1 €	1,89 tD
1 SFr	1,31 tD

GELDWECHSEL

An den nördlichen Gestaden des westlichen Mittelmeers befinden Sie sich abgesehen von Gibraltar (Pfund) in der Eurozone. In Tunesien wird mit Dinar gezahlt, in Marokko mit Dirham. In Marokko ist die Ein- und Ausfuhr von Dirham verboten.

GESUNDHEITSVORSCHRIFTEN

Impfungen sind keine vorgeschrieben. Für die medizinische Versorgung ist an Bord gesorgt.

INTERNET

Sämtliche Kreuzfahrthäfen am Mittelmeer werden auf der Homepage www.medcruise.com vorgestellt, leider nur auf Englisch. Die Seite ist mit einer Geräuschkulisse unterlegt: Möwenkreischen und Brandungsrauschen. Informationen über die Gastländer findet man im Internet auf den Webseiten der Fremdenverkehrsämter (▶ Auskunft, S. 130).

KRIMINALITÄT

Mit einigen Vorsichtsmaßnahmen kann man sämtliche Reiseziele auf der Kreuzfahrt ohne anschließenden Ärger besuchen. Generell gilt: Gedränge stets meiden. Taschendiebe gibt es überall, nicht nur in den Ländern des westlichen Mittelmeers.

Verzichten Sie auf Handtaschen und tragen Sie Ihr Portemonnaie nicht in der Gesäßtasche. Besondere Vorsicht ist bei der Benutzung von Geldautomaten geboten. Kreditkarten sind eine begehrte Diebesbeute. Keinesfalls sollte man Geld auf der Straße wechseln. Die Geldwechsler bieten zwar einen scheinbar attraktiven Preis, geben aber oft falsch raus.

KREUZFAHRT-ABC

Achtern – Hinterer Teil des Schiffes (auch Heck genannt).

Backbord – Linke Seite des Schiffes in Fahrtrichtung gesehen.

Bug – Vorderer Teil des Schiffes.

Deck – Etage/Stockwerk eines Schiffs.

Heck – Hinterer Teil des Schiffes (auch Achtern genannt).

Knoten – Einheit zur Geschwindigkeitsmessung eines Schiffs. Ein Knoten entspricht einer Seemeile.

Luv – Dem Wind zugewandte Seite.

Reede – Kann ein Schiff den Zielhafen nicht direkt anfahren, liegt es ein Stück vor der Küste auf Reede.

MEDIZINISCHE VERSORGUNG

Größere Schiffe verfügen über ein eigenes Krankenhaus, über Krankenschwestern, einen Arzt und eine Apotheke, sodass Sie im Notfall auch auf hoher See gut versorgt sind. Sozialversicherungsabkommen, die eine kostenfreie Behandlung von EU-Bürgern bei Vertragsärzten der jeweiligen Krankenkassen vorsehen, gibt es zwar mit Frankreich, Italien, Spanien und Malta, doch auch dort bezahlt man den Arzt an Land besser in bar und lässt sich die entstandenen Kosten durch eine vorher abgeschlossene Auslandskrankenversicherung ersetzen.

REISEZEIT

Im westlichen Mittelmeer ist das ganze Jahr über Saison. Die beste Reisezeit sind jedoch die frühen Sommermonate Mai und Juni oder die Herbstmonate September und Oktober. Im Hochsommer kann es an Land sehr heiß werden, zwischen November und April ist immer mit Regentagen zu rechnen.

SCHLÜSSELKARTEN

Die Bordkarte ist meist auch Schlüssel- und Bordkreditkarte. Sie müssen sie beim Ein- und Ausschiffen stets zur Legitimation vorzeigen. Beim Einschiffen ist außerdem ein Personalausweis oder Pass erforderlich.

TAGESPROGRAMME

Das Programm für den nächsten Tag wird am Vorabend auf die Kabinen verteilt. Hier stehen – ganz wichtig! – die Liegezeiten in den Häfen.

TELEFON

VORWAHLEN

Frankreich 00 33
Italien 00 39
Marokko 0 02 12
Monaco 0 03 77
Spanien 00 34
Tunesien 0 02 16

Das Telefonieren von der Kabine aus ist meist sehr teuer. Solange sich das Schiff in Küstengewässern befindet, können Sie jedoch überall mit einem international freigeschalteten Handy telefonieren. Auf einigen Schiffen ist mobiles Telefonieren auch auf hoher See möglich.

TRINKGELD

Die meisten Reedereien rechnen pauschal über die Bordkreditkarte pro Tag einen bestimmten Betrag als Trinkgeld ab.

TRINKWASSER

Das Wasser an Bord hat Trinkwasserqualität. Die Kabinenstewardessen versorgen Sie selbstverständlich auch mit Eis für die Minibar in Ihrer Kabine. Preiswerter ist es jedoch, sich beim Landgang mit Getränken einzudecken.

WÄSCHE

Wie jedes große Hotel verfügen die Schiffe über einen Wäscheservice. Aus der Bordwäscherei kommen die Hemden weißer zurück als je zuvor.

ZEIT

Im gesamten westlichen Mittelmeerraum gilt die mitteleuropäische Zeit, in Portugal hingegen die westeuropäische Zeit (WEZ). Dort ist es eine Stunde früher.

ZOLL

Reisende aus Deutschland und Österreich dürfen Waren abgabenfrei mit nach Hause nehmen, wenn diese für den privaten Gebrauch bestimmt sind. Bestimmte Richtmengen sollten jedoch nicht überschritten werden (z. B. 800 Zigaretten, 90 l Wein, 10 kg Kaffee). Weitere Auskünfte unter www.zoll.de und www.bmf.gv.at/zoll.
Reisende aus der Schweiz dürfen Waren im Wert von 300 SFr abgabenfrei mit nach Hause nehmen, wenn diese für den privaten Gebrauch bestimmt sind. Tabakwaren und Alkohol fallen nicht unter diese Wertgrenze und bleiben in bestimmten Mengen abgabenfrei (z. B. 200 Zigaretten, 2 l Wein). Weitere Auskünfte unter www.zoll.ch.

Kartenatlas

© MERIAN-Kartographie

Legende

Sehenswürdigkeiten

10	MERIAN-TopTen
10	MERIAN-Tipp
	Sehenswürdigkeit, öffentl. Gebäude
	Schloss, Burg
	Kirche
	Kirchenruine
	Moschee
✡	Synagoge
🏛	Museum
	Denkmal

Verkehr

	Autobahn
	Autobahnähnliche Straße
	Fernverkehrsstraße
	Hauptstraße
	Nebenstraße
	Sonstige Straßen
	Fußgängerzone
P	Parkmöglichkeit
B	Busbahnhof
⚓	Schiffsanleger
✈	Flughafen

Sonstiges

i	Information
	Theater
	Markt
	Botschaft, Konsulat
	Zoo
✝ ✝ ✝	Friedhof

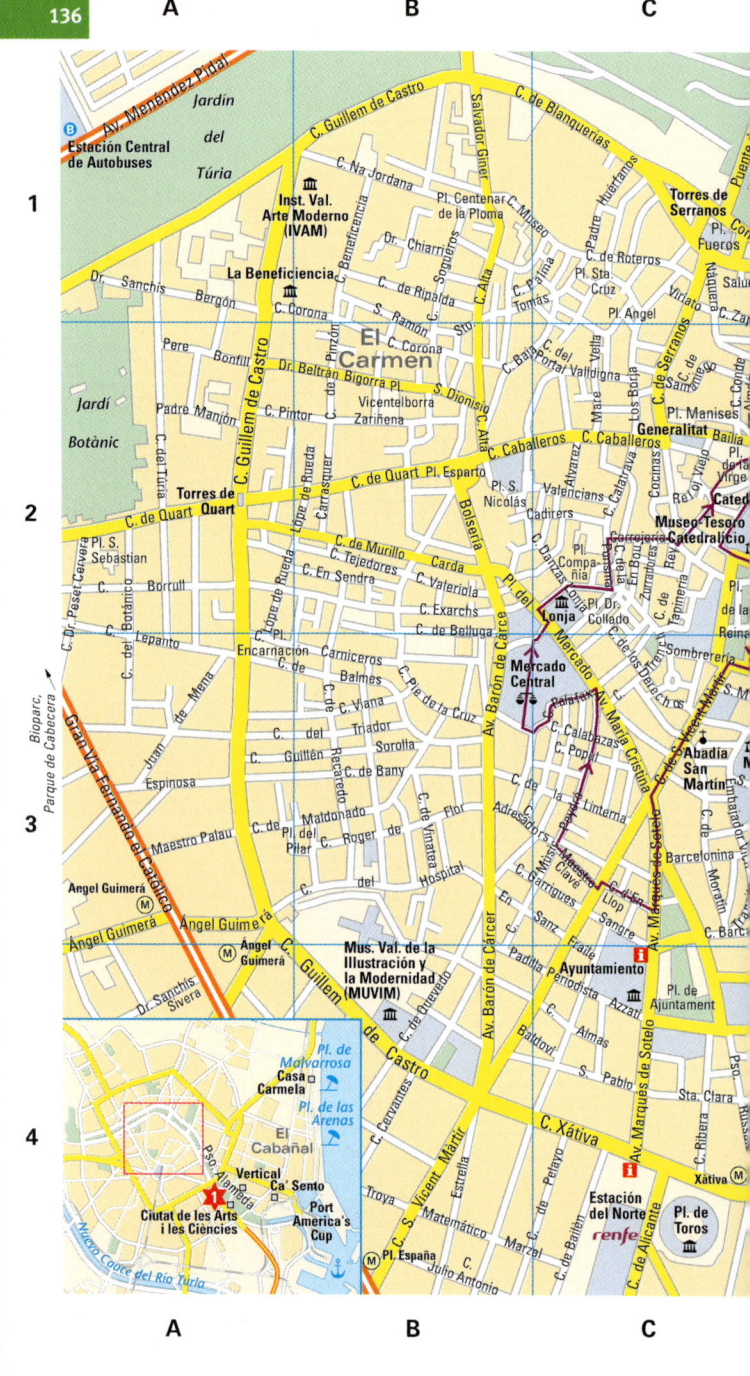

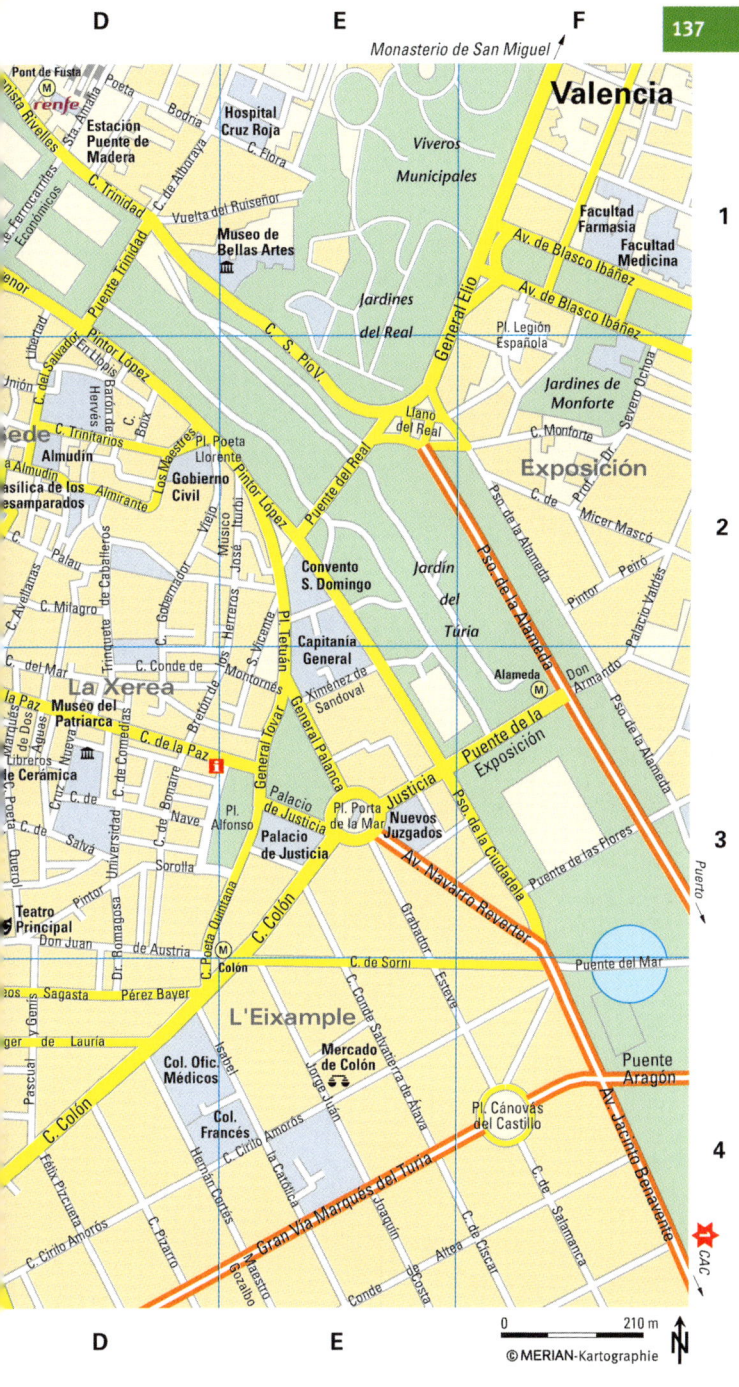

Valencia

Monasterio de San Miguel

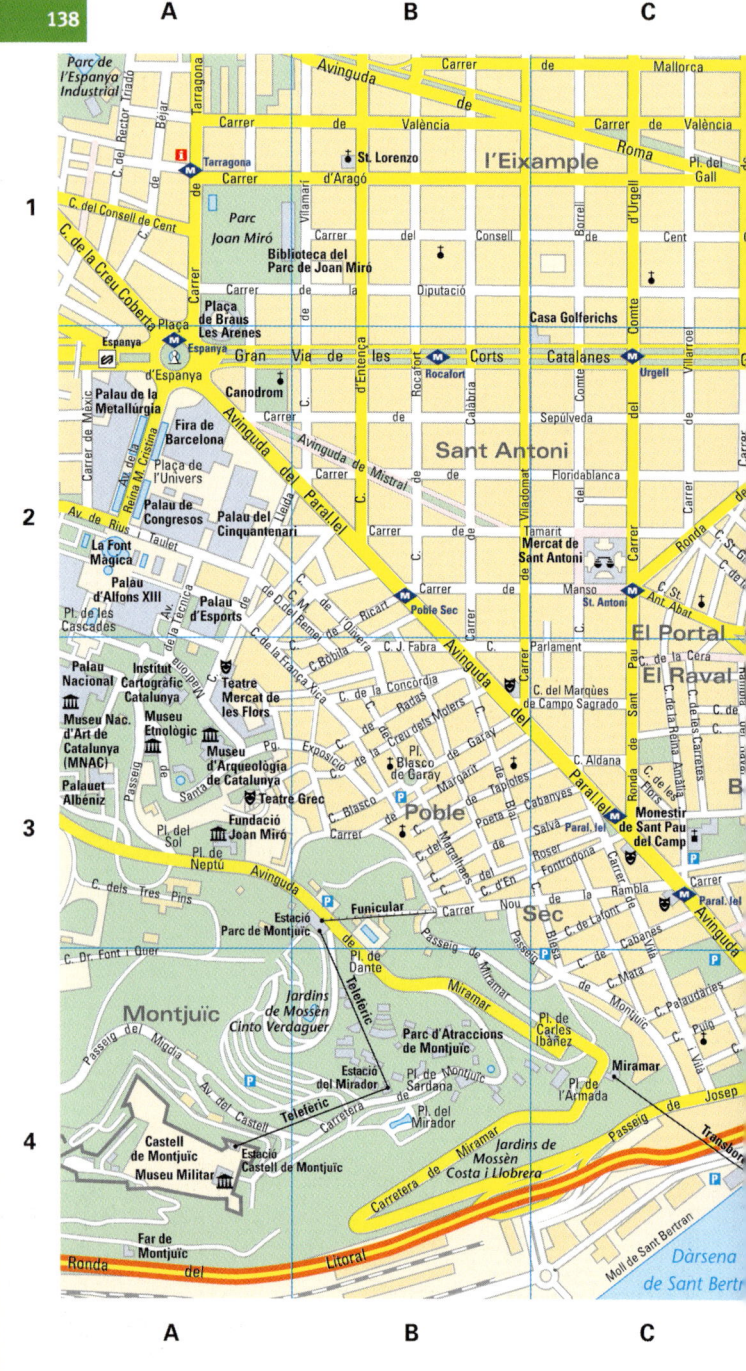

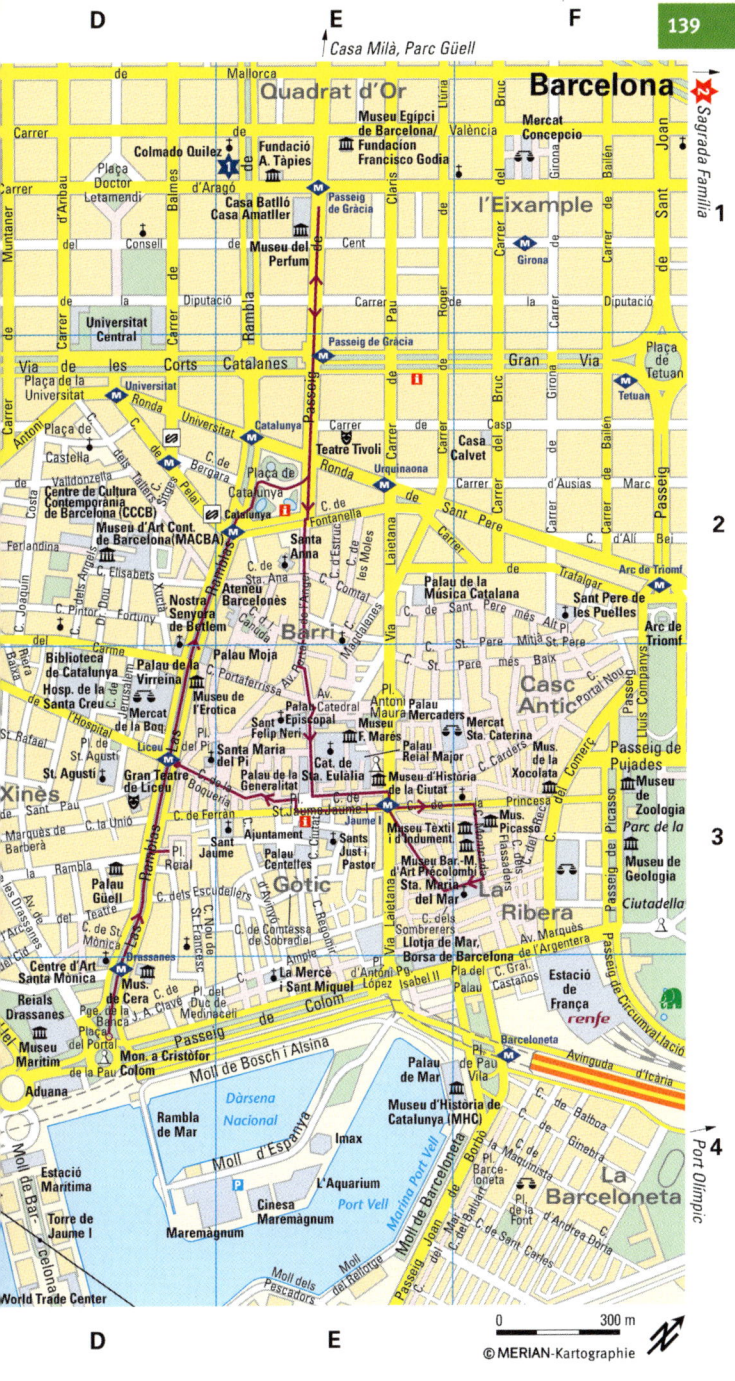

↑ Casa Milà, Parc Güell

Barcelona

↗ Sagrada Família

Quadrat d'Or

Carrer de Mallorca

Carrer de València

Mercat Concepcio

l'Eixample

Museu Egípci de Barcelona/ Fundacion Francisco Godia

Colmado Quilez

Fundació A. Tàpies

Casa Batlló Casa Amatller

Museu del Perfum

Passeig de Gràcia

Plaça Doctor Letamendi

Carrer de Consell de Cent

Carrer de la Diputació

Girona

1

Universitat Central

Via de les Corts Catalanes

Gran Via

Plaça de Tetuan

Plaça de la Universitat

Universitat

Ronda

Teatre Tivoli

Casa Calvet

Tetuan

Centre de Cultura Contemporània de Barcelona (CCCB)

Catalunya

Urquinaona

2

Museu d'Art Cont. de Barcelona (MACBA)

Plaça de Catalunya

Carrer de Fontanella

Santa Anna

Sant Pere

Arc de Triomf

Nostra Senyora de Betlem

Ateneu Barcelonès

Palau de la Música Catalana

Sant Pere de les Puelles

Arc de Triomf

Barri

Casc Antic

Biblioteca de Catalunya

Palau Moja

Palau de la Virreina

Museu de l'Erotica

Palau Catedral

Palau Mercaders

Mercat Sta. Caterina

Mus. de la Xocolata

Passeig de Pujades

Hosp. de la Santa Creu

Sant Felip Neri

Museu F. Marès

Palau Reial Major

Museu de Zoologia

3

St. Agustí

Liceu

Santa Maria del Pi

Cat. de Sta. Eulàlia

Museu d'Història de la Ciutat

Princesa

Mus. Picasso

Parc de la Ciutadella

Museu de Geologia

Xinès

Gran Teatre de Liceu

Palau de la Generalitat

St. Jaume I

Museu Tèxtil i d'Indument.

Gòtic

Ajuntament

Sant Jaume

Palau Centelles

Sants Just i Pastor

Museu Bar.-M. d'Art Precolombí

Sta. Maria del Mar

La Ribera

Palau Güell

Pl. Reial

Llotja de Mar, Borsa de Barcelona

Estació de França

renfe

Centre d'Art Santa Mònica

Mus. de Cera

La Mercè i Sant Miquel

Palau

Reials Drassanes

Museu Maritim

Mon. a Cristófor Colom

Passeig de Colom

Palau de Mar

Museu d'Història de Catalunya (MHC)

Barceloneta

Avinguda d'Icària

Aduana

Moll de Bosch i Alsina

Pau Vila

Dàrsena Nacional

Imax

4

Estació Maritima

Rambla de Mar

Moll d'Espanya

L'Aquarium

Marina Port Vell

La Barceloneta

Torre de Jaume I

Cinesa Maremàgnum

Port Vell

Pl. de la Barceloneta

World Trade Center

Maremàgnum

Moll dels Pescadors

0 300 m

© MERIAN-Kartographie

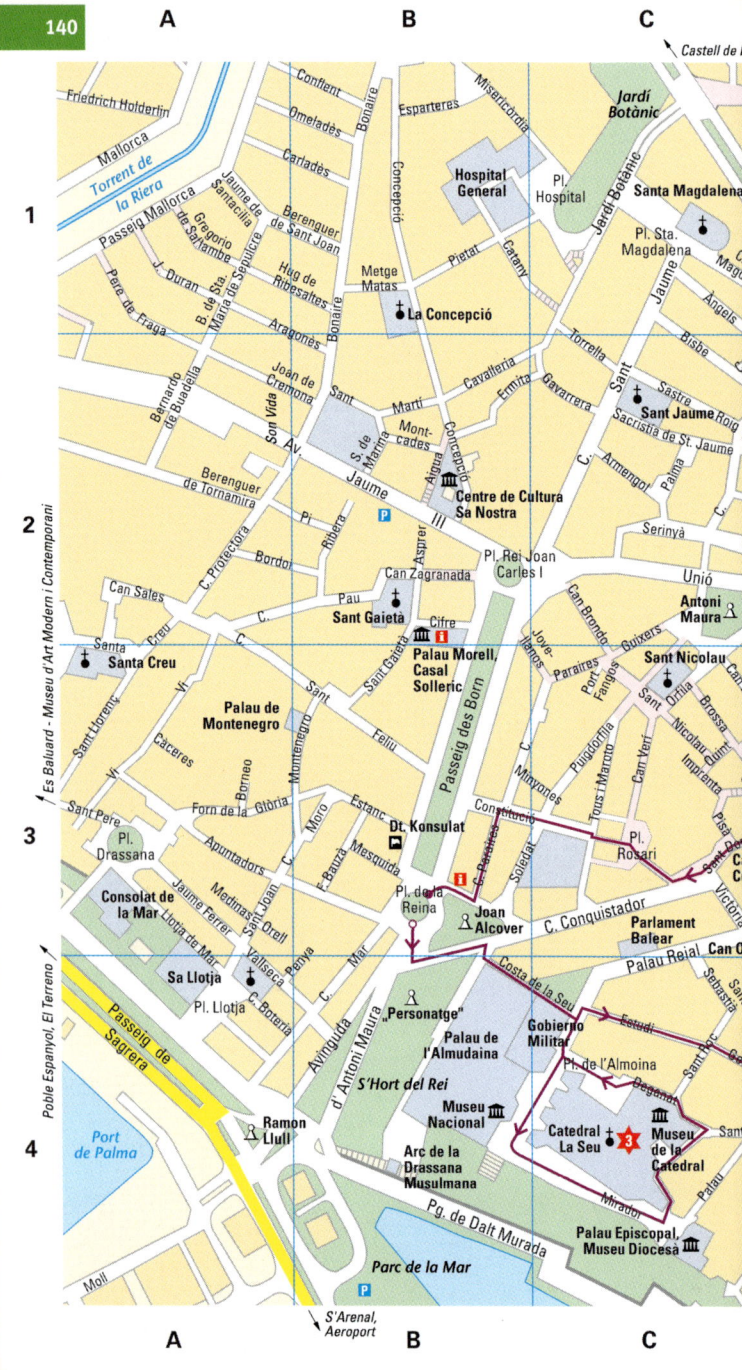

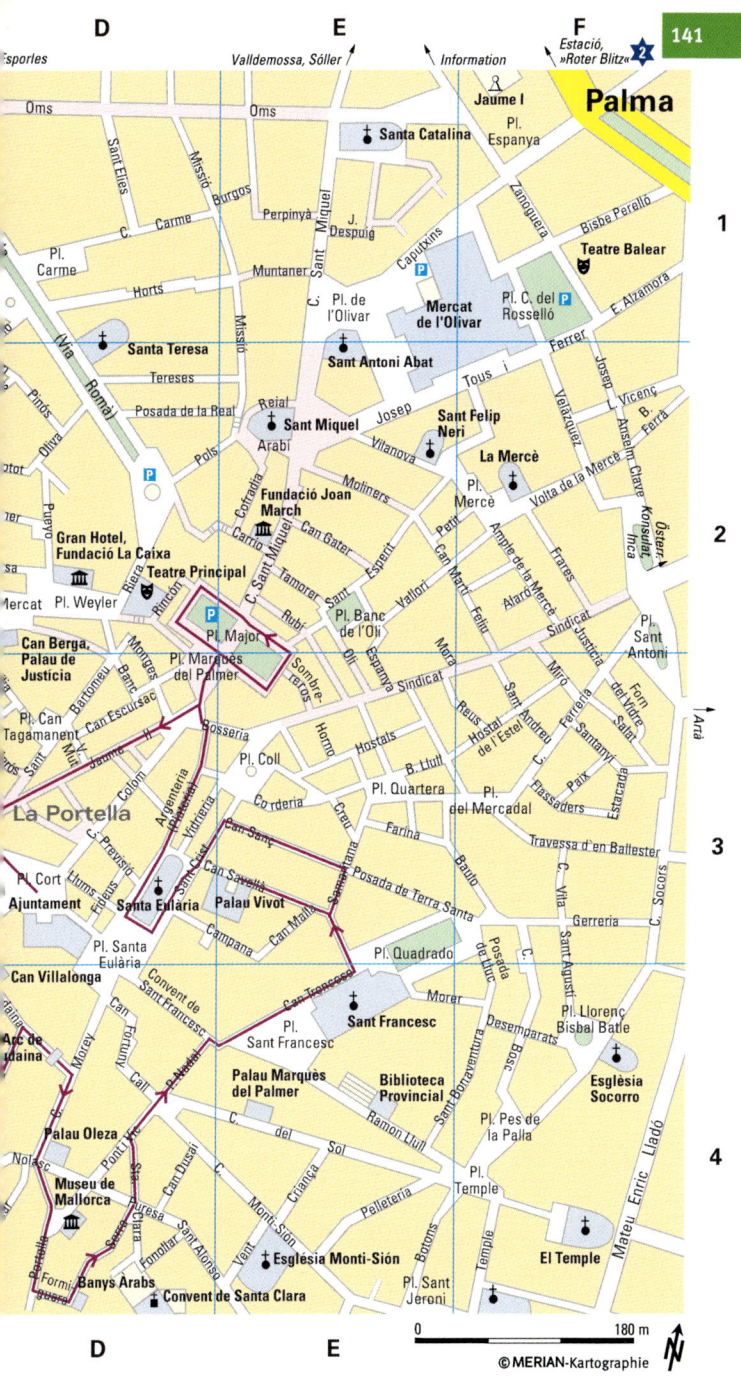

Palma

D — Esporles
E — Valldemossa, Sóller
F — Estació, »Roter Blitz«
Information

Oms
Oms
Sant Elies
Missió
Burgos
C. Carme
Pl. Carme
Perpinyà
C. Sant Miquel
J. Despuig
Caputxins
Zanoguera
Bisbe Perelló
Teatre Balear
E. Alzamora
Muntaner
Pl. de l'Olivar
Mercat de l'Olivar
Pl. C. del Rosselló
Ferrer
Horts
Missió
Santa Teresa
Tereses
Santa Catalina
Pl. Espanya
Jaume I
Santa Catalina

Via Romal
Pinós
Oliva
Posada de la Real
Reial
Sant Antoni Abat
Tous i
Josep
L. Vicenç
Vielajuez
B. Ferrà

Sant Miquel
Arabí
Josep
Sant Felip Neri
La Mercè
Pl. Mercè
Konsulat
Öster
Inca
not
Puyo
ter
sa
Gran Hotel, Fundació La Caixa
Cortaña
Fundació Joan March
Carrió
Can Gater
Moliners
Vilanova
Volta de la Mercè
Anselm Clavé
Ample de la Mercè
Frares

Mercat
Teatre Principal
Riera
Rincón
C. Sant Miquel
Tamorer
Espant
Can Marti Feliu
Alardo
Sindicat
Pl. Sant Antoni

Pl. Weyler
Monges
Pl. Major
Rubi
Pl. Banc de l'Oli
Vallori
Mera
Sant Andreu
Ferreria
Santanyi
Paix
Arà

Can Berga, Palau de Justicia
Bant.
Pl. Marqués del Palmer
Sombrerers
Espanya
Sindicat
Reus
Hostal de l'Estel
Estacada

Pl. Can Tagamanent
Can Escursac
Bosseria
Horno
Hostals
B. Lluff
Pl. Quartera
Miró
Flassaders
Fom del Vidre

Jaume II
Colom
Argenteria
Vidrieria
Pl. Coll
Cordería
Creu
Fariña
Pl. del Mercadal
Travessa d'en Ballester

La Portella
Prevísol
Llums
Can Sanç
Can Savellà
Can Maño
Posada de Terra Santa
Baulo
Sant Agustí
Gerrería
Socors

Pl. Cort
Ajuntament
Santa Eulària
Palau Vivot
Campana
Pl. Quadrado
Morer
Pl. Llorenç Bisbal Batle

Can Villalonga
Pl. Santa Eulària
Convent de Sant Francesc
Can Fortuny
Pl. Sant Francesc
Can Troncoso
Sant Francesc
Desemparats
Bosc

Arc de daina
Morey
Call
N. Nadal
Palau Marqués del Palmer
Biblioteca Provincial
Ramon Llull
Pl. Pes de la Palla
Esglèsia Socorro

Palau Oleza
Pont
C. del Sol
Criança
Pl. Temple
Mateu Enric Lladó

Museu de Mallorca
Puresa
Sant Alonso
Pelleteria
Pl. Temple

Banys Arabs
Formi
Fomhar
Vent
Esglèsia Monti-Sión
Borons
El Temple
Convent de Santa Clara
Pl. Sant Jeroni

0 — 180 m
© MERIAN-Kartographie

D
E
N

Beausoleil

R. des Martyrs de la Résistance
R. Pasteur
Av. d'Alsace
Av. Paul Doumer
Bd. des Moneghetti
R. Pasteur
R. Victor Hugo
R. Jean Bouin

R. Bellevue
R. Bel Respiro
Bd. Princesse
Bd. de Suisse

1

Stade
Couvert
Sacré-Cœur

Ste-Dévote
Pl. Ste-Dévote

R. Pierre Curie
Boulevard du Jardin Exotique
de Belgique
Boulevard
Ascenseur

Ascenseur

Rue Grimaldi
Automobile
Club
Quai Albert

2

Moyenne Corniche N 7
R. Joseph-Fr. Bosio
Boulevard Rainier III
Ascenseur
R. Louis Aureglia
Bretelle
Rue Princesse Florestine
R. Augustin Vento
Rue
R. Princesse Caroline
Rue Louis Notari
Eglise
Réformée
Suffren-Reymond
Bd. Albert I

Av. Hector Otto
Bd. du Jardin Exotique
Av. Hector Otto
Ascenseur
Ascenseur

La
Condamine

3

Moyenne corniche N 7
Bd. de Belgique
Av. Crovetto
St-Martin
Avenue Prince Pierre
SNCF
Avenue de la Turbie
Rue Grimaldi
Rue Princesse Caroline
Rue de Millo
Rue des Açores
Rue des Remparts
Rue Suisse
Place
d'Armes
Marché
Av. du P

Musée
d'Anthropologie
Préhistorique

4

Moyenne corniche N 7
Bd. du Jardin Exotique
Grotte de
l'Observatoire
Jardin
Exotique
Boulevard Rainier III
Boulevard
Charles III
Avenue de Fontvieille
Rue de la Colle
Place
du Canton
Ascenseur
Jardin Animalier
Collection de
Voitures
Anciennes
Musée des Timbres
et des Monnaies
Musée
Naval
Palais du Prince
Pl. du
Palais
Musée
Napoléonien
Port
de
Fontvieille

Av. Pasteur
Av. Pasteur
Avenue de Prince Héréditaire Albert
R. du Gabian
Av. de Prince Héréditaire Albert
Av. des Papalins
Quai
de
Sanbarbani

Fontvieille

Cimetière

Stade Louis II

Monte Carlo

Monaco

Av. Princesse Alice

Café de Paris

Place du Casino

Grand Casino

Sporting d'Hiver

Larvotto

Bd. de Suisse

Av. de la Costa

Sq. Beau- marchais

Av. de l'Hermitage

Av. de Monte Carlo

Centre de Congrès, Auditorium

Pointe Focinana

1

Bd. du

Ascenseur

Ascenseur

Av. d'Ostende

Bd. Louis II

Av. Prés. J. F. Kennedy

Quai des Etats-Unis

Port Hercule

2

Théâtre du Fort Antoine

Yacht Club de Monaco

Ascenseur

Quai Antoine

Av. de la Quarantaine

3

Chemin des Pêcheurs

Av. de la Porte Neuve

Av. des Pins

Monaco

Loth

Musée de la Chapelle de la Visitation

de

Av. St-Martin

Ascenseur

Historial les Princes de Monaco

Emile

Mairie

Musée Océanographique

athédrale

Jardins St-Martin

4

Pointe St-Martin

0   150 m

© MERIAN-Kartographie

N

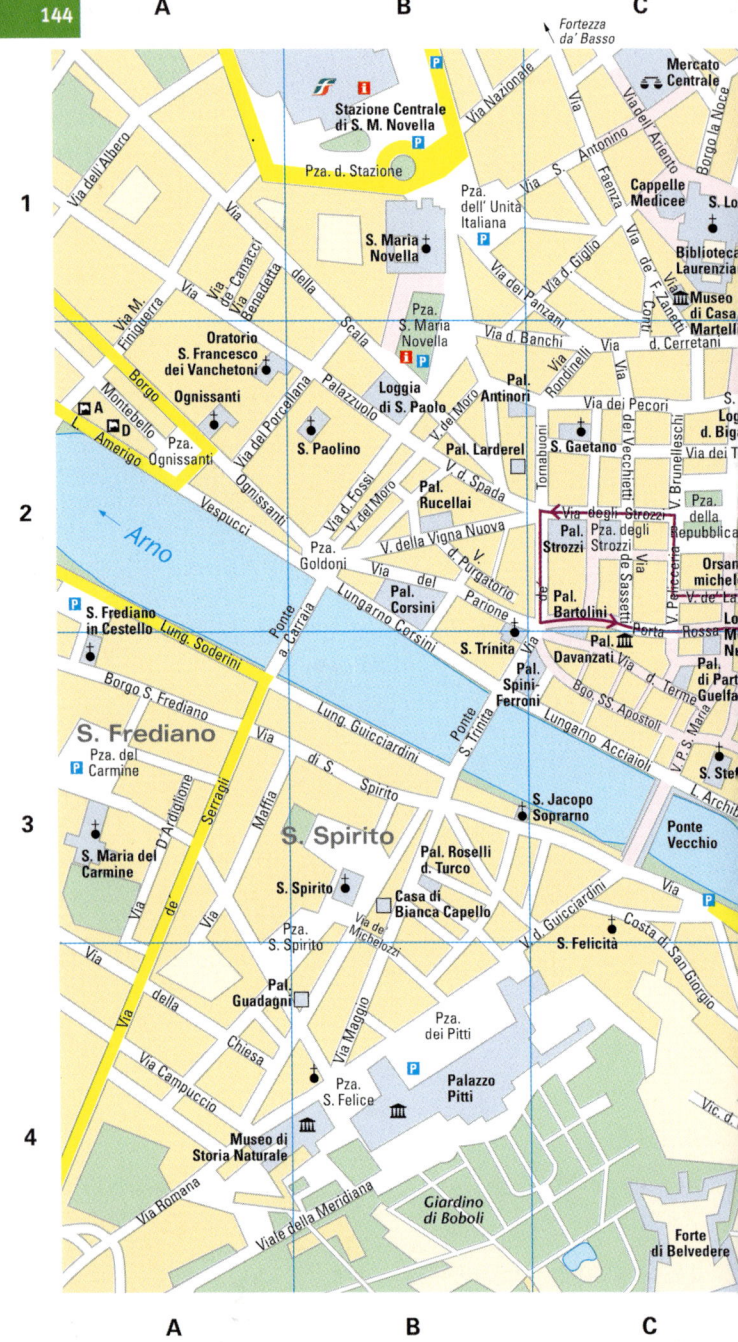

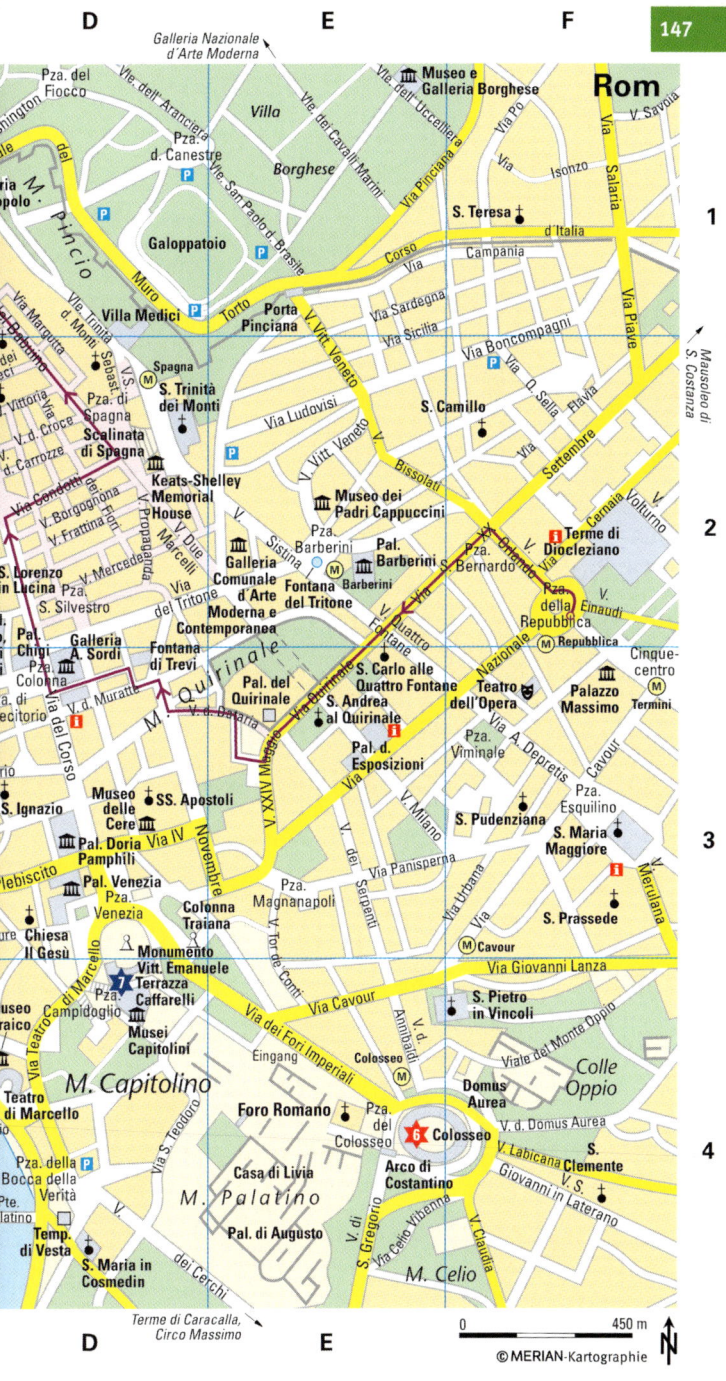

Rom

Galleria Nazionale
d'Arte Moderna

Museo e
Galleria Borghese

Pza. del
Fiocco

Villa

V. Savoia

V. Isonzo

Pza.
d. Canestre

Borghese

S. Teresa

Galoppatoio

V.S.
Spagna

S. Trinità
dei Monti

Porta
Pinciana

S. Camillo

Villa Medici

Keats-Shelley
Memorial
House

Museo dei
Padri Cappuccini

Terme di
Diocleziano

Galleria
Comunale
d'Arte
Moderna e
Contemporanea

Pal.
Barberini

Pza.
della
Repubblica

Fontana
del Tritone

Cinque-
centro

Fontana
di Trevi

Pal. del
Quirinale

S. Carlo alle
Quattro Fontane

Teatro
dell'Opera

Palazzo
Massimo

Termini

Galleria
A. Sordi

S. Andrea
al Quirinale

Pal. d.
Esposizioni

S. Ignazio

SS. Apostoli

S. Pudenziana

S. Maria
Maggiore

Pal. Doria
Pamphili

S. Prassede

Pal. Venezia

Colonna
Traiana

Cavour

Chiesa
Il Gesù

Monumento
Vitt. Emanuele

Via Giovanni Lanza

Terrazza
Caffarelli

S. Pietro
in Vincoli

Musei
Capitolini

Colosseo

Colle
Oppio

M. Capitolino

Foro Romano

Domus
Aurea

Teatro
di Marcello

Colosseo

S.
Clemente

Pza. della
Bocca della
Verità

Arco di
Costantino

Giovanni in Laterano

Temp.
di Vesta

M. Palatino

S. Maria in
Cosmedin

Pal. di Augusto

M. Celio

Terme di Caracalla,
Circo Massimo

0   450 m

© MERIAN-Kartographie

1

Sliema

M i t t e l m e e r

M a r s a m x e t t   H a r b o u r

Water Polo
Pitch

St. Sebastian
Bastion

Auberge
d'Angle
de Bavie
de Polo

Michael
St.

German Curtain

St. Salvatore
Bastion

Auberge
d'Aragon

St. Paul's
Anglican
Cathedral

Bounty St.

Old Mint St.

2

Marsamxett St.

Manderaggio
Curtain

Archbishop's
Palace

Our Lady of
Mount Carmel

Manoel
Theatre

Old Archbis

Old Baker St.

St. Andrew's
Bastion

Mattia Preti
Square

West

Carmelite St.

St.

St. Patrick's St.

Old Theatre St.

Hannibal P. Scicluna Rd.

St. Andrew's St.

St. Michael's Bastion

Melita St.

St. Mark St.

Old Mint St.

St. John St.

St. Lucia St.

Pal
Squ

Grand

Sappers
St.

M.-A. Vassalli St.

Admiralty House,
Nat. Mus.
of Fine Arts

Old Bakery St.

Law
Courts

Republic
Square

Nat
Libr

3

Windmill St.

South St.

Strait St.

Great Siege
Square

Old
Treasury
St.

Nat
di

St. Andrew

Cavalier St.

Carra St.

St. John's Co-
Cathedral

St. John's
Square

St. Lucia

St. John's
Cavalier

Hastings

Gardens

Sant' Antonin

Auberge de
Provence,
Nat. Mus. of
Archaeology

Merchants St.

St. John St.

St. Paul St.

Republic St.

Royal
Opera
House
(Ruine)

Santa
Barbara

Palazzo
Paraiso

St. John
Counterguard

Pope
Pius V St.

South St.

Ordnance St.

CH

Auberge
d'Italie

Melita St.

City
Gate

St. Catherine

Auberge
de Castille,
Leon et
Portugal

Battery St.

St. Anthony St.

Our Lady of
St. James
Cavalier

St. James
Victories

Castille
Place

4

Triton
Fountain

The Mall

Central Bus
Terminus

St. James
Bastion

Girolamu Cassar Ave.

Upper
Barracca
Gardens

L
V

Floriana

Sarria St.

Nelson Rd.

RAF
Monument

St. James
Counterguard

Valletta

St. Elmo Bay

St. Gregory's Bastion
Ball's Bastion
St. Gregory's Curtain
Abercrombie's Bastion
National War Museum
Fort St. Elmo
Jew's Gate
French Curtain
Spur St.
St. Sebastian St.
Fountain St.
St. Anne St.
St. Joseph St.
Steps
St. Elmo Place
Abercrombie's Curtain
St. Dominic St.
Old Hospital St.
North St.
St. Lazarus Bastion
St. Nicholas St.
Republic St.
Casa Rocca Piccola
Merchants St.
Sacra Infermeria, The Knights Hospitallers
Malta Experience
St. Frederick St.
Mediterranean Conference Centre
St. Lazarus Curtain
Our Lady of Damascus (Greek Catholic Church)
Palace Armoury
Market
St. Dominic St.
St. Paul St.
St. Christopher St.
St. Ursula St.
St. Nicholas St.
Old St. Wells
Mediterranean St.
Archbishop St.
Theatre St.
St. Paul's Shipwreck
Ursula St.
St. Ursula
Irish St.
Lower Barracca Gardens
Siege Bell Memorial
Castille Curtain
Fish Market
East St.
St. Barbara Bastion
Barriera Wharf
oria

Grand Harbour

0   150 m

© MERIAN-Kartographie

N

1

2

3

4

Kartenregister

Orts- und Sachregister

Wird ein Begriff mehrfach aufgeführt, verweist die **fett** gedruckte Zahl auf die Hauptnennung, eine *kursive* Zahl auf ein Foto.
Abkürzung:
Restaurant [R]

Liebe Leserinnen und Leser,
vielen Dank, dass Sie sich für einen Titel aus unserer Reihe MERIAN *live!* entschieden haben. Wir freuen uns, Ihre Meinung zu diesem Reiseführer zu erfahren. Bitte schreiben Sie uns an merian-live@travel-house-media.de, wenn Sie Berichtigungen und Ergänzungen haben – und natürlich auch, wenn Ihnen etwas ganz besonders gefällt.

Alle Angaben in diesem Reiseführer sind gewissenhaft geprüft. Preise, Öffnungszeiten usw. können sich aber schnell ändern. Für eventuelle Fehler übernimmt der Verlag keine Haftung.

© 2011 TRAVEL HOUSE MEDIA
   GmbH, München
MERIAN ist eine eingetragene Marke der GANSKE VERLAGSGRUPPE.

1. Auflage

Alle Rechte vorbehalten. Nachdruck, auch auszugsweise, sowie die Verbreitung durch Film, Funk, Fernsehen und Internet, durch fotomechanische Wiedergabe, Tonträger und Datenverarbeitungssysteme jeglicher Art nur mit schriftlicher Genehmigung des Verlages.

BEI INTERESSE AN DIGITALEN DATEN AUS DER MERIAN-KARTOGRAPHIE:
iPUBLISH GmbH, Abt. Cartography
merianmapbase@ipublish.de
www.merianmapbase.de

BEI INTERESSE AN ANZEIGENSCHALTUNG:
KV Kommunalverlag GmbH & Co KG
MediaCenterMünchen
Tel. 0 89/92 80 96 44
winzer@kommunal-verlag.de

TRAVEL HOUSE MEDIA
Postfach 86 03 66
81630 München
merian-live@travel-house-media.de
www.merian.de

PROGRAMMLEITUNG
Dr. Stefan Rieß
REDAKTION
Simone Lucke
LEKTORAT
Beate Martin
BILDREDAKTION
Simone Lucke
SCHLUSSREDAKTION
Ulla Thomsen
SATZ
Nadine Thiel | kreativsatz
REIHENGESTALTUNG
Independent Medien Design,
Elke Irnstetter, Mathias Frisch
KARTEN
MERIAN-Kartographie
DRUCK UND BUCHBINDERISCHE VERARBEITUNG
Stürtz Mediendienstleistungen, Würzburg
GEDRUCKT AUF
Eurobulk von der Papier Union

Ein Unternehmen der
GANSKE VERLAGSGRUPPE

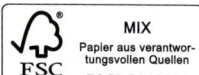

MIX
Papier aus verantwortungsvollen Quellen
FSC® C043954